El origen y las propiedades del aura

OSCAR BAGNALL

El origen y las propiedades del aura

EDICIONES OBELISCO

Si este libro le ha interesado y desea que le mantengamos informado
de nuestras publicaciones, escríbanos indicándonos qué temas son de su interés (Astrología,
Autoayuda, Ciencias Ocultas, Artes Marciales, Naturismo, Espiritualidad, Tradición…)
y gustosamente le complaceremos.

Puede consultar nuestro catálogo en www.edicionesobelisco.com.

Colección Espiritualidad, Metafísica y Vida interior
EL ORIGEN Y LAS PROPIEDADES DEL AURA
Oscar Bagnall

1.ª edición: marzo de 2016

Título original: *The Origin and Properties of the Human Aura*

Traducción: *Raquel Mosquera*
Maquetación: *Marga Benavides*
Corrección: *M.ª Jesús Rodríguez*
Diseño de cubierta: *Enrique Iborra*

© 2016, Ediciones Obelisco, S. L.
(Reservados los derechos para la presente edición)

Edita: Ediciones Obelisco, S. L.
Pere IV, 78 (Edif. Pedro IV) 3.ª planta, 5.ª puerta
08005 Barcelona - España
Tel. 93 309 85 25 - Fax 93 309 85 23
E-mail: info@edicionesobelisco.com

ISBN: 978-84-9111-074-3
Depósito Legal: B-2.768-2016

Printed in Spain

Impreso en España en los talleres gráficos de Romanyà/Valls S. A.
Verdaguer, 1 - 08786 Capellades (Barcelona)

Reservados todos los derechos. Ninguna parte de esta publicación,
incluido el diseño de la cubierta, puede ser reproducida, almacenada,
transmitida o utilizada en manera alguna por ningún medio,
ya sea electrónico, químico, mecánico, óptico, de grabación
o electrográfico, sin el previo consentimiento por escrito del editor.
Diríjase a CEDRO (Centro Español de Derechos Reprográficos, www.cedro.org)
si necesita fotocopiar o escanear algún fragmento de esta obra.

Introducción

Con cierto recelo y no poca reticencia asumo la tarea de presentar un libro que trata el polémico tema de la neblina que rodea un cuerpo vivo.

Durante mucho tiempo se ha supuesto que los seres humanos están rodeados por algo que ha sido bautizado con el místico nombre de «aura»; un nombre que la ha envuelto en un velo de romanticismo y fantasía excluyéndola casi totalmente de cualquier investigación científica seria.

Videre est credere ha sido desde siempre el lema de los escépticos, ya que el aura (utilizo esta palabra a falta de una más apropiada) ha sido lo más difícil y prácticamente imposible de ver hasta ahora; pero pocos se han molestado en indagar más en ello.

Muchos científicos, sin embargo, admitirán la posibilidad de su presencia; muchos estarán de acuerdo en que existe cierta probabilidad más que una simple posibilidad. Creo que tengo razón cuando digo que el único trabajo destacable que ha sido publicado tratando el tema como un todo desde un punto de vista científico fue el del doctor Walter Kilner, especialista en rayos X fallecido hace años. Él afirmó haber visto el aura, haberla examinado en detalle y haber utilizado su apariencia como ayuda para diagnosticar enfermedades. Su libro es, en general, una colección de casos interesantes la mayoría de los cuales datan de antes de la guerra. Desde su muerte el tema se ha dejado en suspenso, al menos por lo que a publicaciones se refiere, aunque aquellos interesados en lo oculto han escrito mucho sobre ello.

Mi intención es presentar algunas propiedades que considero que pertenecen al aura y las cuales respaldaré con pruebas científicas experimentales. He demostrado para mi propia satisfacción que los resultados de estos experimentos son correctos y los trataré, por consiguiente, como hechos. Puede que casualmente mi teoría encaje con las teorías de otros y, de este modo, proporcione argumentos comunes para avanzar mutuamente a lo largo de un terreno aún por explorar.

Han pasado ya unos años desde que empecé a experimentar. Estaba interesado en las pantallas de colores y sus efectos en la retina con respecto al daltonismo. Tuve muchas dificultades para obtener una pantalla de color azul puro, ya que estas parecían haber sido monopolizadas por los alemanes. Al fin, hace relativamente poco, conseguí crear una pantalla azul satisfactoria, y después de haber estado usándola descubrí dos hechos interesantes.

Creo que el primero será atractivo para algunas personas a las que este tema no les resulte indiferente. Sucedió de una forma bastante natural. Era verano y me había levantado temprano para dedicar unas cuantas horas de trabajo a mis pantallas antes de las once, cuando tenía que jugar al cricket.

Debería mencionar que recientemente he pasado la barrera de los cuarenta, y quizá por haber utilizado el microscopio más de lo que debiera, he descubierto que mis ojos están empezando a tener dificultades en distinguir objetos cercanos. En esta ocasión en concreto, había pedido que me dejaran fuera del equipo, ya que tenía mucho trabajo que hacer y el partido duraba dos días. Sin embargo, sucedió lo inevitable y me convencieron para jugar. Perdimos el sorteo a cara o cruz y, acto seguido, me vi agachado tras los palos cuando una hora antes me había sensibilizado los ojos para ver ondas hipercortas. Las tres primeras series de lanzamientos fueron rápidas, no perdimos ningún set y todo fue bien, pero tenía mis dudas sobre lo que pasaría cuando entraran los lanzadores. Me llevé la mayor sorpresa de toda mi vida, una realmente buena, ya que ese día todas las pelotas cayeron directamente en mis guantes. Mi vista había rejuvenecido. Busqué el segundo descubrimiento deliberadamente con el fin de confirmar la autenticidad del primero. Probé el efecto con el foco de mi microscopio y, efectivamente, obtuve la confirmación que quería.

Cuando usaba el instrumento con mis ojos sensibilizados, siempre tenía que alterar el foco que le había ido bien a la retina insensibilizada mediante un ajuste considerablemente brusco.

Muy contento de haber recuperado la vista, empecé a trabajar para considerar la causa. Se me ocurrió que posiblemente podría ser capaz de ver rayos con longitudes de onda ultracortas, así que experimenté con diferentes tipos de luz. Finalmente, pude ver una neblina que rodeaba el cuerpo humano.

Suponiendo que esta neblina está formada, al menos en su mayor parte, por ondas de una longitud más corta que la luz visible, estaba claro que estos rayos sólo se harían visibles cuando se hubiera producido un cambio en la retina del ojo cuyo resultado era su sensibilización a las longitudes de onda ligeramente más cortas de lo que normalmente puede apreciar.

Como el aura no se puede ver en total oscuridad, se deduce que el cuerpo no emite la cantidad suficiente de rayos como para estimular el sentido de la vista.

Es imposible realizar una afirmación rápida y rotunda respecto a la cantidad de luz necesaria o el color más adecuado como fondo. Son cuestiones que cada observador debe contestar por sí mismo valiéndose y guiándose sólo por su experiencia personal. La mayoría de la gente prefiere una habitación oscurecida por cortinas gruesas para que la luz del día se difumine a través de ellas. Tener persianas de sarga negras, una en un rodillo en lo alto de la ventana para bajarla, y una en otro rodillo en la parte baja para subirla, puede ser de ayuda. De este modo se puede obtener un doble grosor si fuera necesario.

El sujeto bajo observación debería estar de pie al otro lado de la habitación, de cara a la ventana. El color de fondo que prefiere la mayoría de la gente es o bien negro o un rojo oscuro.

Personalmente prefiero que la habitación no esté demasiado oscura. También prefiero un fondo más claro que la mayoría.

La luz debe adaptarse para que sea adecuada tanto para el observador como para las condiciones. Como norma general, un buen día para hacer fotografías es un buen día para inspeccionar el aura, pero esta norma no es infalible. No se puede decir con ningún grado de certeza que un día determinado no será bueno para ver el aura, como tampoco cuando salimos de caza podemos decir que no habrá rastro. Uno de los rastros más recientes que recuerdo fue viajando a lo largo de un arroyo que me llegaba a la altura de la cintura un día en el que parecía no haber ningún tipo de humedad en el aire. Así que también he visto muy claramente el aura incluso en medio de una tormenta.

Esta aura que rodea el cuerpo ha sido a menudo definida como una especie de halo. Siempre asocio un halo con parte de la indumentaria de un santo, algo irreal y «representado de forma extraña en un libro sin leer y que huele a humedad». La neblina que intento tratar no es el adorno de un santo, sino que brilla del mismo modo tanto en los justos como en los injustos y cuya cualidad creo que es influenciada más por la salud y la habilidad mental que por ningún factor que tenga que ver con la justicia.

Una vez más, el halo áureo ha sido confundido con lo sobrenatural en general y con los fantasmas en particular. Claramente nada como esto puede ser emitido por un cuerpo a no ser que el cuerpo esté presente para emitirlo. Incluso el Verdugo de la Reina de Corazones admitiría esta lógica.

Permítanme decir aquí que no es mi intención hacer ningún tipo de referencia a la intercomunicación entre aquellos que están entre nosotros y los que han fallecido. Nunca he intentado contactar con los muertos, y dado el caso, sería de muy mal gusto por mi parte menospreciar esta práctica. Defino la palabra «aura», tal y como la uso, simplemente como una neblina emitida por un cuerpo viviente. Espero mostrar lo que es e incluso sugerir las partes del cuerpo en las cuales tiene su origen. Todavía no se manejan suficientes datos que justifiquen cualquier deducción definitiva en cuanto a dónde tiene su origen exactamente. Pero hay muchas pruebas que son, como mínimo, significativas. «La sabiduría aporta dudas, excepciones y limitaciones, las cuales son obstáculos para las afirmaciones rotundas».

Capítulo 1

La apariencia del aura común

Permítanme empezar tratando el aura tal y como yo la veo. Me refiero al aura en general, el aura normal de una persona sana.

En la zona de la piel y extendiéndose desde ella unos siete u ocho centímetros hay un aura más brillante que parece ser más sólida que la de más allá de ésta. Parece estar formada por líneas muy juntas que se extienden directamente desde el cuerpo al cual está bastante pegada; es decir, que tiene prácticamente la misma forma del cuerpo prolongada unos centímetros más allá de éste por cada lado. Doy por supuesto que el sujeto inspeccionado está de pie de cara al observador.

Esta aura interna varía en brillo según la salud de su propietario. A unos quince o veinte centímetros hacia fuera hay una neblina externa que se va apagando gradualmente en su margen distal, pero que tiene una forma más o menos ovalada.

Se ha afirmado que el color de ésta variará. Algunas personas dicen que el aura puede ser roja, dorada, marrón o de cualquier otro color, dependiendo del carácter de la persona que la emite. Por supuesto, no voy a ser yo quien contradiga esto.

Personalmente no he visto tal cosa. El aura, esta neblina exterior, siempre ha sido difusa, de un color azul pálido o gris pálido. Cuanto mejor es el intelecto de la persona, más azul es la neblina.

El aura interna es mucho más parecida en todos nosotros: hombres, mujeres y niños. El aura exterior no es así. Hasta la edad de la pubertad sólo sobresale unos diez centímetros del aura interna más brillante. Desde los catorce hasta los dieciocho años el aura de la mujer se ensancha gradualmente hasta alcanzar unos veinte centímetros (casi treinta centímetros en total), volviéndose ovalada y con su parte más ancha aproximadamente a la altura de la cintura.

Este ensanchamiento no se da en el aura del hombre, y por este motivo las mujeres resultan ser los sujetos más satisfactorios.

La parte interna del aura ha sido siempre distintivamente más brillante que la neblina más allá de ella, y en mi opinión hay un límite bastante claro entre ellas. Aunque no se debería sacar la conclusión en el momento en que los ojos han sido sensibilizados por la pantalla por primera vez, de que cada uno de nuestros semejantes va a aparecer rodeado de un halo resplandeciente que a su vez será bañado por una especie de efecto de puesta de sol. Definitivamente, esto nunca pasa.

Tras haber fijado la vista en el cielo, sin mirar directamente al sol, a través de una pantalla oscura de dicyanin durante uno o dos minutos, eche un vistazo alrededor manteniendo la pantalla aún en su sitio. El follaje parece ser de un color ciruela y pronto se vuelve neblinoso. Hay que asegurarse antes de fijar la pantalla de que los cristales estén secos y de haber eliminado toda la humedad de la cara en la zona de los ojos. La neblina que de este modo debería producirse no es del todo diferente a la neblina cuando empieza a aparecer.

A continuación examine las manos. Parece como si saliera vapor de ellas. Coloque las puntas de los dedos de una mano contra la punta de los dedos correspondientes de la otra. Después sepárelas lentamente. Deberían observarse líneas que van de un dedo al otro.

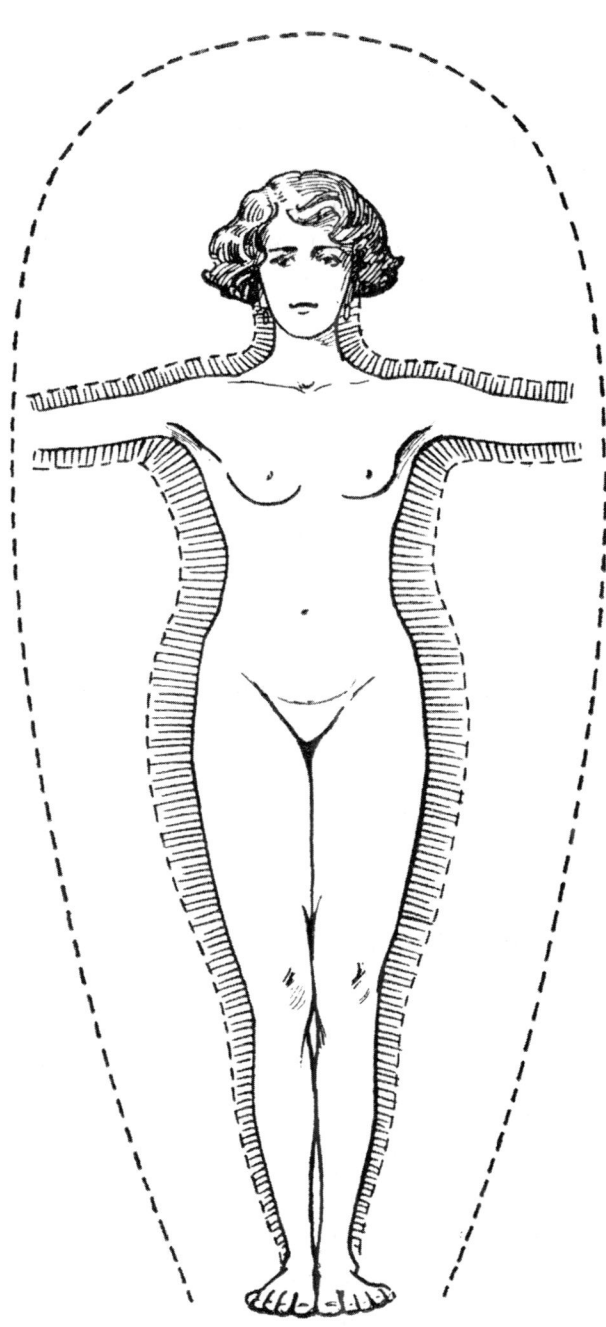

Aura normal de una mujer.

A algunos de mis lectores se les puede ocurrir que esto es simplemente una ilusión óptica en la que las líneas permanecen en el trayecto que han realizado los dedos. Esta sospecha, sin embargo, puede ser fácilmente descartada. Si las manos se separan oblicuamente (por ejemplo, apartando la mano izquierda y acercando la derecha hacia el cuerpo como se muestra en el diagrama), veremos que las líneas conectadas entre sí también se mueven en diagonal.

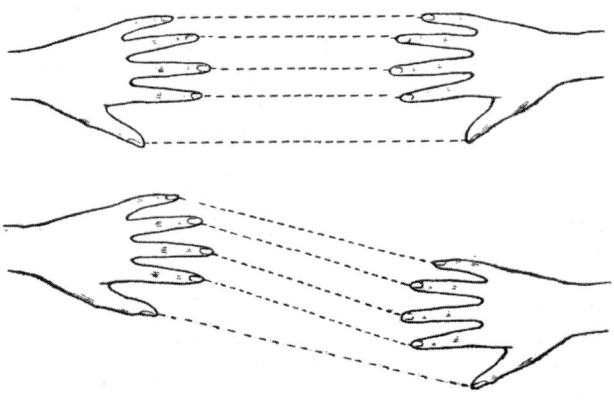

Rayos entre los dedos.

Una vez más, no se pueden curvar estas líneas; siempre son líneas rectas.

Los rayos de luz viajan en línea recta. Los rayos ultravioletas también deben hacerlo *a fortiori*.

Nótese también que la neblina se extiende más alrededor de las puntas de los dedos que de su parte interna.

Es improbable ver más que esto en un primer intento, ya que la acción del color es acumulativa. Más adelante se descubrirá que, después de sensibilizar los ojos alrededor de dos o tres minutos como se describe, se puede prescindir de la pantalla o al menos sustituirla por una mucho más débil, y que después el aura permanecerá visible durante un tiempo considerable, dependiendo de la acumulación adquirida y también, hasta cierto punto, de los ojos. Algunas personas ven el aura mucho más claramente y más rápido que otras. La descripción del aura, la cual ocupará la mayor parte de este capítulo, es un intento de explicar en detalle las partes de las que se compone tal y como varias personas y yo la hemos visto, bajo condiciones ideales. Los cambios en las condiciones climáticas marcarán naturalmente alguna diferencia tanto en la parte material del aura como en la absorción de sus rayos ultravioletas. Los cambios de temperatura, tratados puramente como tales, hasta ahora no influyen tal y como he podido descubrir.

La parte más brillante del aura parece, como ya he dicho, seguir la silueta del cuerpo, extendiéndose desde éste unos siete u ocho centímetros. Parece estar indudablemente formada por un número de pequeños rayos paralelos entre sí y situados en ángulo recto con respecto al cuerpo.

A veces algunos rayos largos, y aun así más brillantes, se extienden desde el límite proximal de esta aura para invadir, o extenderse más allá, de la neblina exterior. Estos rayos, por supuesto, se mueven en línea recta aunque no necesariamente paralelos a los rayos del aura.

Probablemente tienen el mismo origen que el aura y han sido vistos moverse hacia algún objeto prominente en la proximidad del cuerpo, incluso de un objeto inanimado, como el polo de un imán.

Estos rayos pueden ser vistos extendiéndose desde una parte (probablemente desde una proyección) del cuerpo a otra. Por ejemplo, cuando las manos se levantan por encima de la cabeza se pueden ver rayos que se extienden más allá del aura interna, tanto desde la cabeza como desde los brazos, y que se unen en el espacio intermedio para formar un haz de rayos continuo desde la cabeza hasta el brazo. Como los rayos que salen de la cabeza son un tanto más brillantes que los que salen del brazo, los haces parecen moverse de la cabeza a los brazos.

El fenómeno en su totalidad es posiblemente una especie de atracción áurea en tal caso. Ocasionalmente tales haces de rayos se han percibido extendiéndose a través de la neblina exterior y más allá de ella, dirigiéndose a ningún lugar en particular. Estos rayos también son más brillantes que el resto del aura interior. Imaginémonos en un acantilado observando el paseo marítimo en el cual una hilera de luces brillantes se refleja en el agua. El paseo marítimo se corresponde con la piel, y el reflejo de las luces con el aura interior.

Un fuerte reflector lanzando su haz de luz a través del mar, no necesariamente en ángulo recto a la costa sino posiblemente en diagonal, representaría bien este haz de rayos más fuerte.

Estos rayos deben ser o bien emitidos por alguna parte del cuerpo, diferenciándose del resto de la emisión áurea por alguna razón específica, o apartados de él por alguna fuerza atrayente externa. Yo me inclino por el segundo punto de vista. Si éste es el caso, significa que el aura interior es suficientemente elástica como para permitir que estos rayos flagelantes se prolonguen unas tres veces más de su longitud natural visible. El inconveniente obvio de este punto de vista reside en el hecho de que no da una explicación satisfactoria sobre el brillo adicional de tales rayos cuando se comparan con el resto del aura.

Con el fin de poder examinar más fácilmente una de las partes constituyentes del aura, ha sido necesario atenuar la otra en un intento de eliminar su influencia.

Si se examina el aura a través de una pantalla roja la neblina exterior se hace menos obvia, y de este modo se puede formar una estimación mejor del margen distal del aura interna.

Este experimento no es posible, por supuesto, hasta que los ojos han llegado a la fase de acumulación donde el aura se puede ver tras retirar la pantalla dicyanin.

He averiguado que una pantalla azul tiende a:

1. hacer el margen distal de la neblina exterior mucho más obvio;
2. hacer que el aura interior parezca más brillante aunque menos definida.

También he averiguado que esta pantalla tiende, no tanto a borrar el aura interior para intensificar la exterior que yo creo que yace bajo ella, sino más bien para entremezclarse con ella.

Considero que la neblina exterior se origina parcialmente desde la piel, así que se prolongará a través del aura interior más allá de la cual se extiende.

Tal vez debería decir que esta opinión es totalmente contraria a la de otros, y a la generalmente aceptada, hasta el punto de que en este mar desconocido de investigaciones científicas cualquier opinión es relativamente aceptada.

He notado un espacio en blanco, un vacío, entre la piel y el aura interior. Tiene la apariencia de una franja oscura y no mide más de tres milímetros de ancho.

El doctor Kilner, quien tal fue vez el pionero en experimentar con el aura en líneas realmente científicas, afirma que este vacío siempre está presente. Él lo denominó el Doble Etéreo y lo trató como una posible tercera parte constituyente de todo el aura. Incluso llegó a decir que a él le parecía que tenía un tinte ligeramente rosado.

Yo creo, sin embargo, que muy pocos de nosotros podemos esperar ver lo que el doctor Kilner vio, ya que él gozaba indudablemente del don de la clarividencia. He comprobado la mayoría de sus afirmaciones y he descubierto que puedo responder por la mayoría de ellas desde mi propia experiencia personal. Otras, sin embargo, no me atrevo a dudar de ellas por un momento, aunque nunca he sido capaz de confirmarlas, porque mis ojos no pueden ver más allá del violeta excepto artificialmente, como cualquier otra persona.

Realmente pienso que lo que he visto, otros lo pueden ver también, siempre y cuando tengan una capacidad visual media. Estoy convencido de que la clarividencia, como las manos de un jinete o las muñecas de un bateador, es un regalo de los dioses, y no puede ser adquirida a ningún nivel. El dycianin, sin embargo, nos ayuda a avanzar un buen trecho a lo largo del camino de los ultravioleta. Les digo todo lo que puedo tal y como lo haría un caballero andante, aunque realmente hay poco que contar ya que estoy decidido a relatar sólo lo que he visto.

Centremos ahora nuestra atención en la neblina exterior, mística, relacionada con los estados de ánimo, cambiante como Proteus, y rebosante de posibilidades. *Prater opiniones* no puedo pensar que esta neblina empieza donde el aura interior termina. También está claramente emitida por alguna fuente dentro del cuerpo.

Examinada a través de una pantalla azul (Kilner usó azul de metileno; yo prefiero una mezcla que contenga azul pinacianol, que actúa como pantalla sensibilizadora a la vez, para intensificarla y de este modo oscurecer el aura interior en comparación. Ya que como norma general es difícil atenuar esta parte del aura sin borrar la neblina exterior también, se percibirá que el aura interior parece menos estriada, tomando más el aspecto difuso del aura exterior. Cabe recordar que el aura interior aparece como rayos paralelos que se proyectan en ángulo recto desde la piel, mientras que la neblina exterior es más bien borrosa que a rayas. Como la neblina exterior ha sido intensificada y el aura interior, normalmente más brillante en comparación, atenuada, es obviamente aceptable deducir que la neblina exterior se ve traspasar el aura interior y suponer que, también, proviene de la piel.

El margen distal no es algo tangible, pero se puede considerar ciertamente que la neblina tiene una forma definida. En niños de ambos sexos, y también en hombres, la neblina es relativamente estrecha y posiblemente más brillante que en el caso de las mujeres, ya que parece estar más unida y comprimida, siguiendo más o menos la forma del cuerpo, sólo a un nivel menor de lo que lo hace el aura interior. Los hombres y los niños, por lo tanto, no son sujetos interesantes para examinar esta neblina, y mis comentarios se aplicarán en particular a la neblina mucho más ancha que se puede ver rodeando a una mujer. La forma es aproximadamente ovalada, siendo más ancha a la altura de la cintura y estrechándose gradualmente hacia los tobillos. La neblina es menos compacta que en el caso del hombre, el límite distal está menos definido dando el aspecto de algo liberado moviéndose a tientas por el espacio. Algo indefinido, pero enormemente interesante.

Me permito recalcar que no he encontrado nada en absoluto para sugerir que esta neblina podría posiblemente representar un campo eléctrico alrededor del cuerpo; no parece ser material, es decir, no tiene masa apreciable. Hay pocas dudas en mi mente de que está formada de rayos cuya longitud de onda no es, en condiciones normales, visible para el ojo humano.

Así como el pelaje de un caballo o el hocico de un perro nos dan una indicación sobre la condición física, el aura interior también cambia, siendo más brillante y más nítidamente definida cuando una persona goza de una buena salud robusta. De un modo similar se puede decir que la neblina exterior registra la capacidad mental. Como se ha mencionado antes, el único color que he visto transmitido a la neblina, sin tener en cuenta casos patológicos, ha variado del azul pálido al gris pálido. Por norma general, cuanto más azul y fina es la neblina, mejor es el intelecto. Si un cuerpo emite una neblina gris y sin brillo, casi seguro que alberga una inteligencia torpe.

Las neblinas grises varían en sombras del gris desde el azul grisáceo hasta el gris monótono, casi amarronado, del negro.

La neblina que rodea a un bebé muy pequeño es bastante verdosa, con muy poca diferencia entre las partes interiores y exteriores del aura.

Es muy difícil determinar el punto exacto en la vida cuando entramos en posesión de un aura, aunque se considera que es seguramente antes del nacimiento. Los bebés recién nacidos siempre tienen un aura, aunque no siempre es muy obvia sin un fondo adecuado. En un capítulo posterior he sugerido que la anchura del aura de una mujer embarazada, concretamente a medida que la hora del parto se acerca, puede ser debida a que su aura sea aumentada por la del bebé aún no nacido. A menudo, el aura es también más brillante por encima de la región abdominal, además de más ancha. La ley dictamina que la vida comienza al nacer. La biología ha probado que la concepción marca nuestro comienzo; ya que el núcleo del zigoto en la célula original indudablemente vive y del mismo modo indudablemente es creado tanto por el hombre como por la mujer, tal y como puede ser demostrado siguiendo la división del micronúcleo en un animal incluso tan elemental como el paramoecium unicelular.

Las mujeres que son madres hablan de sus bebés como si ya hubieran nacido en un momento concreto durante el embarazo, normalmente unos tres meses después de la concepción. Se ha percibido que el aura más ancha está permanentemente presente desde ese momento. La anchura vista al principio del embarazo no es permanente y no puede ser atribuible a la formación del aura del embrión ya que lo mismo ocurre también con la aparición de la menstruación, tal y como se ha descrito en detalle en el capítulo que trata el aura en conexión con el sexo.

Creo que el aura se emite en este momento, concretamente seis meses antes de dar a luz, aunque la cuestión del aura del embrión debe implicar necesariamente más conjeturas de las que un argumento científico puede acarrear con seguridad. Si es emitida entonces, ¿por qué no debería ser emitida antes, incluso desde el momento de la concepción? Mi propia impresión es que todas las cosas vivas emiten un aura, aunque ha sido todavía imposible averiguar en qué parte del espectro solar las longitudes de onda de los rayos componentes (y así la posibilidad de que se hagan visibles al ojo humano) yacen en las diferentes criaturas. He centrado mi investigación sólo en la interpretación de rayos áureos visibles cuya longitud de onda es sólo un poco más corta que la del extremo violeta del espectro visible. El aura emitida por el embrión humano en los primeros días después de la concepción, si tal aura es emitida, seguramente estaría formada por rayos ultravioletas (no creo que ninguna forma de metamorfosis pueda alterar la longitud de onda), pero un aura tan débil como ésta no debería ser necesariamente visible por las pantallas en su actual estado de imperfección relativa.

De este modo el comienzo se corresponde más o menos con el inicio de la vida, y la intensidad aumenta gradualmente a medida que el embrión gana tamaño y fuerza. El aura persiste mientras dura la vida, y parece cesar de ser emitida en el momento en que aparece la muerte.

Mientras hay un aura hay vida y, supuestamente, mientras haya vida habrá un aura emitida.

Hasta que las pantallas hayan sido mejoradas para dar al ojo infinitamente más sensibilidad a los rayos ultravioletas, será imposible zanjar la cuestión. Debe haber sensibilizadores eminentemente más adecuados para nuestro propósito que la mezcla que estoy utilizando en mis pantallas en la actualidad, pero encontrarlos supondrá una investigación y gasto infinitos.

Cuando algo mejor haya sido descubierto, podremos aprender algo más en relación a la atmósfera que nos rodea.

Capítulo 2

Propiedades físicas

Voy a tomarme la libertad de disipar de nuevo la idea de que el aura es algo misterioso que se hace visible solamente ante unos pocos agraciados que le atribuyen poderes físicos, por lo que fracasan en ofrecer ningún tipo de apoyo científico.

Allí donde haya un cuerpo, también estará la neblina emitida por él. Si no somos capaces de verla, debemos prestar atención a nuestros propios ojos ya que es obvio que no podemos modificar la atmósfera que rodea los cuerpos ajenos. Voy a tratar de demostrar que esta neblina o aura es un hecho físico que no existe sólo en la imaginación como una ilusión óptica de naturaleza subjetiva.

Se puede ver el aura mediante métodos artificiales que describiré en detalle, no sólo por unos pocos sino por la mayoría de personas que tienen una vista normal. Lo explicaré con pruebas completas que he elaborado con el fin de establecer las propiedades físicas del aura.

En primer lugar, ya he sugerido que el aura es solamente emitida por un cuerpo viviente.

Se puede observar una neblina rodeando a un bebé recién nacido. Yo mismo la he visto a las pocas horas del nacimiento. Esta neblina permanece a lo largo de toda la vida y se puede ver alrededor de personas de cualquier edad.

No se ha dado ningún caso en el que el aura haya sido emitida tras la muerte. Aunque no he tenido la oportunidad de inspeccionar un cadáver inmediatamente después del fallecimiento, no tengo ninguna duda de que el aura desaparece en el mismo momento en que la muerte tiene lugar.

El desfallecimiento del sujeto bajo inspección provoca que el aura se apague, y el retorno de la conciencia la hace aparecer de nuevo gradualmente.

Supongo que los animales también emiten auras pero he sido incapaz de reconocerla con certeza en los animales más pequeños que he utilizado como sujetos de experimentación. Parece extremamente probable que sus auras sean visibles para otros animales. El siguiente experimento es muy interesante.

Un búho puede ver ratones en la oscuridad a una distancia considerable.

Esta ave dará lo mejor de sí misma enfrentándose a un animal mucho más grande que se aproxime por la noche pero, aun así, durante el día es indefensa.

Sabemos que tiene ojos especialmente sensibilizados a la oscuridad, pero he descubierto que un búho no podría localizar un trozo de carne sin vida incluso de noche, aunque mostrara claramente tener hambre.

La deducción es que el búho ve a un ratón vivo porque el cuerpo del roedor emite rayos que son interpretados como una luz visible a los ojos del búho, haciendo que resalte sobre un fondo oscuro.

Una teoría a menudo expuesta concede a esta ave un oído superior al de otros especímenes de su especie. La objeción obvia es el hecho de que la capacidad del búho en este aspecto es mucho más pronunciada durante la noche.

Atribuir esto a la luz emitida por la desafortunada presa está, a mi parecer, mucho más cerca del blanco.

¿Alguna vez han observado de noche los ojos de los animales tras los arbustos y han intentado averiguar de qué animal se trataba? Sólo podemos ver sus ojos y sólo nos puede ayudar su color. Tal vez ellos puedan ver mucho más que nosotros.

Esto me lleva al segundo punto: sugiero que el aura es un fenómeno ultravioleta. Podría llamarla luz ultravioleta si no fuera porque normalmente no podemos ver estos rayos.

Del mismo modo en que nuestros oídos son capaces de apreciar solamente longitudes de onda comprendidas en unos parámetros (las ondas que nos dan una sensación de sonido tienen un frecuencia entre 30 y 38.000), también nuestros ojos son capaces de traducir en luz visible solamente ondas cuyas longitudes cubren un rango limitado.

Es extraño que una persona pueda oír cualquier sonido más alto o de longitud de onda más corta que lo que para nuestros oídos es el chillido de un murciélago, aunque sin duda algunos de los animales más pequeños tienen un chillido que no podemos apreciar como sonido o, en otras palabras, que no somos capaces de oír.

Lo mismo ocurre con la vista. Las ondas más largas que podemos ver las llamamos luz roja, las siguientes más largas naranja, después amarillo, verde, azul, añil y por último las más cortas, violeta. Éstos son los colores del espectro visible. Los rayos con una longitud de onda más corta que aquellos que vemos como luz violeta los calificamos como ultravioleta ya que, al no ser capaces de verlos, no sabemos de qué color son. El aura seguramente contiene o consta de rayos ultravioleta.

El cristalino de nuestro ojo cambia su curvatura mientras el objeto que estamos mirando se aproxima o se aleja de nosotros, para que la imagen de ese objeto se forme exactamente en la retina. Como los rayos rojos se curvan menos que los violetas, ninguno de los dos estará enfocado exactamente en la retina. El amarillo suele aparecer como el color más fuerte del espectro, así que imaginemos que los rayos amarillos están enfocados exactamente en la retina, los rojos muy ligeramente detrás y los violeta un poco más cortos o delante de ella. Si conseguimos sensibilizar nuestros ojos para ver rayos ligeramente más cortos, haciendo que los rayos azules se centren exactamente en la retina, entonces los violeta se habrán acercado más al enfoque exacto y de este modo se habrán vuelto más intensos; por lo tanto, podríamos ser capaces de examinar los ultravioleta.

Si esto se puede hacer, y describiré en un capítulo posterior cómo he averiguado que se puede, surge una pregunta obvia: ¿qué ha ocurrido con nuestros ojos para provocar este cambio?

Éstas son algunas de las respuestas posibles:

1. Un aumento en la curvatura del cristalino o de la córnea suponiendo que hubiera tiempo para eso.
2. Un aumento suficiente de los sólidos en solución en el humor vítreo para alterar su índice de refracción. Esto también parece imposible, aunque quizás el mismo resultado podría ser provocado por algún cambio químico en la sustancia.

El aura emitida por el cuerpo, que creo que consta de rayos de longitud de onda ultravioleta, aparece como una bruma o neblina. El cristalino y el humor vítreo al ser cuerpos albuminosos se hacen fluorescentes, recibiendo los rayos ultravioleta y emitiéndolos como luz. Esta luz no estimula los conos de la retina, pero los bastoncillos la perciben en forma de una neblina azul grisácea. Creo que aquí tenemos parte de la respuesta.

Sensibilizando nuestros ojos sistemáticamente se puede conseguir este efecto. Parece ser, excepto por pequeñas dudas, que la influencia se está ejerciendo en el sistema nervioso de los ojos.

Fue Kilner quien afirmó que había provocado una sensibilización de los ojos satisfactoria usando pantallas que contienen una solución alcoholizada de dicyanin, uno de los productos del alquitrán.

Yo también he usado una modificación de este método con éxito, aunque si el efecto es totalmente debido a las propiedades sensibilizadoras del dicyanin o, en pequeña medida, a la producción de un daltonismo temporal causado por el color peculiar de la solución, es una cuestión discutible. El vidrio azul por sí solo es bastante inútil, pero esto lo veremos más adelante.

Llego con reticencia a mi tercera respuesta en la que espero encontrar cierto desacuerdo, ya que nadie ha tratado esta cuestión anteriormente.

Los órganos enfermos emiten un aura muy débil, si es que emiten alguna. Las dolencias del canal alimenticio o de las glándulas digestivas afectan al aura interna.

La pubertad, la menstruación, el embarazo y la lactancia se registran en la neblina externa, al igual que el intelecto y las afecciones nerviosas.

Admitiendo las correcciones de la teoría de la evolución de Darwin, remontémonos a tiempos pasados en que los animales más avanzados habían llegado a una fase de algún modo similar a la que le corresponde a la lombriz de tierra hoy en día. Se puede decir que un gusano consiste en términos generales de dos cilindros, uno dentro del otro.

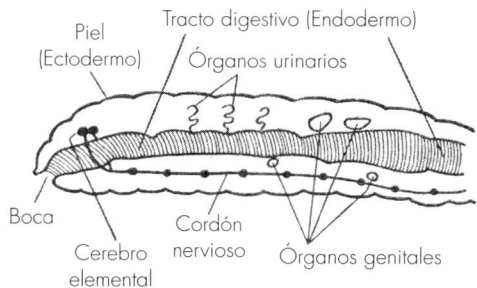

Sección transversal de una lombriz de tierra que muestra los órganos urinario y genital situados en el mesodermo, es decir, entre la piel y el tracto digestivo.

El externo es la piel (ectodermo) y el interno el canal alimenticio o tracto digestivo (endodermo). En medio de los dos, en el mesodermo, se sitúa el órgano genitourinario.

Nosotros, como individuos, pasamos las fases de la evolución entre la concepción y el nacimiento. Lo que tardó millones de años en suceder se resume en unos cuantos días.

Veamos cuáles de nuestras partes se desarrollan y a partir de qué capas:

El ectodermo produce la piel y el sistema nervioso; el mesodermo, los órganos urinario y reproductor entre otros; el endodermo da lugar a las paredes del canal alimenticio y las glándulas que se abren en el mismo.

La neblina externa está afectada por los desórdenes nerviosos y por cambios debidos al sexo.

El aura interna registra dolencias del canal alimenticio y sus glándulas, entre otras cosas, y la mala salud en general.

La comparación es, cuando menos, significativa.

A continuación, examinemos brevemente el efecto de las fuerzas externas sobre el aura.

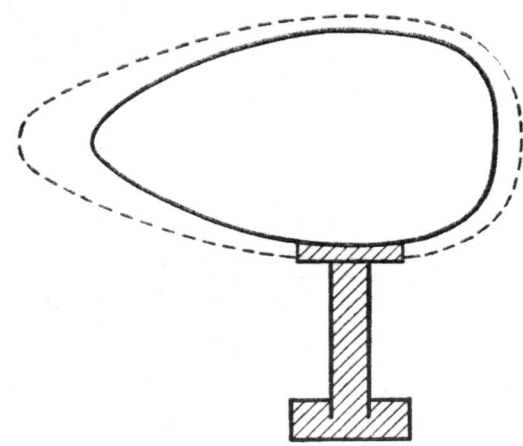

Campo eléctrico alrededor de un conductor cargado.

La primera cuestión que se plantea en mi mente es si el aura es un vapor. La respuesta debe ser negativa. No está afectada por un cambio de temperatura y tampoco puede dispersarse por una corriente de aire.

Una pregunta mucho más difícil es si está formada por partículas cargadas eléctricamente. Los rayos no son materiales. Los imanes no pueden tener ningún efecto en una neblina a no ser que tenga algo de masa, como la tendrían las partículas que llevan una carga. Los psíquicos dicen que los imanes atraen al aura, o la repelen. Nunca he sido capaz de causar el más mínimo efecto en la neblina externa con una barra magnética, un imán en forma de herradura, un electroimán o ningún otro tipo de imán; pero el aura interna ha fluido hacia el imán si estaba situado lo suficientemente cerca. Al presentar el otro polo pasó lo mismo. Por lo tanto, parece que el aura interna puede ser imantada, pero no tiene polaridad.

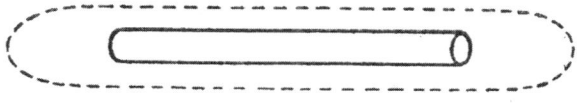

Campo eléctrico alrededor de un bastoncillo cargado.

Otro hecho que muestra hasta cierto punto lo mismo es que el aura se extiende más lejos desde una proyección, como la punta de un dedo o el pezón de un pecho, que desde una superficie plana. Lo mismo hace el campo de un conductor cargado eléctricamente. Si el aura interna puede ser considerada nuestro campo eléctrico, el aura externa sin duda alguna no. Parece que surgen de fuentes totalmente distintas. El examen carente de pruebas en este punto necesita un capítulo aparte. Si el sujeto se sitúa en un lugar aislado y se trata con una carga eléctrica de una máquina de Wimshurst, el aura interna se evaporará, pero al cabo de unos minutos volverá a aparecer gradualmente mucho más expandida. Otros han dicho que si la carga es continua la neblina externa se contraerá. No he detectado que la electricidad marque ninguna diferencia en el tamaño de esta neblina.

A los electricistas se les ocurrirá sin duda que algunos cuerpos son más secos que otros. A menos que la piel esté húmeda no conduce la electricidad muy bien. Había tenido eso en cuenta al hacer observaciones en relación con el campo de puntos y superficies planas. Las superficies que son buenas conductoras deben utilizarse si una es para mostrar que el potencial es de este modo variado.

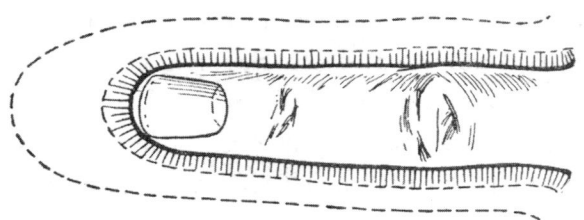

Aura alrededor de un dedo.

Los intentos de tintar el aura químicamente no han tenido mucho éxito. Los halógenos parecen los más prometedores. El vapor de yodo es pesado y en una ocasión se me ocurrió la idea de que se podría verter en el lateral del cuerpo. El vapor se podía ver, ¡qué preciosa pequeña aura! El yodo es un sólido púrpura oscuro y, si se calienta, se convierte directamente en vapor sin pasar por un estado líquido. Esta propiedad lo hace adecuado para llevar a cabo nuestro propósito sin complicaciones. Decidí intentarlo de nuevo elaborando una cantidad suficiente como para que pasara entre la ropa y la piel y fumigué la ropa con vapor. Al examinar el aura un poco más tarde parecía ser ligeramente marrón sólo en esa parte del cuerpo. El experimento resultó en un fracaso, ya que la piel probablemente había absorbido parte del vapor, coloreando de este modo el aura de manera indirecta. El bromo no es tan pesado como el yodo.

He probado al amoníaco, pensando que podría juzgar mejor si el aura podría ser afectada directamente. El amoníaco es incoloro, así que imaginé que cualquier cambio en el color que se pudiera observar sería debido a un cambio áureo y no a la presencia del vapor alrededor de la piel. Sin embargo, no detecté nada que valga la pena destacar.

Me han preguntado a menudo si hay alguna posibilidad de que el aura sea debida a la radiactividad. Los únicos elementos que son radiactivos en cierto grado tienen pesos atómicos elevados. El elemento más pesado que está presente en nuestros cuerpos en una cantidad apreciable es el hierro, cuyo peso atómico es de sólo 56. Este hecho por sí solo niega bastante tajantemente, a mi parecer, la posibilidad de que el aura sea debida a la radiactividad.

Por último, se ha afirmado que cuando las auras de dos individuos se encuentran, tiene lugar una atracción o una repulsión. Esto se ha dado como motivo para explicar por qué una persona nos gusta o no cuando la conocemos.

Me han sugerido que el aura extra grande de la mujer explicaría su don de la intuición, pero no puedo estar de acuerdo con la idea de que las neblinas externas se atraen o se repelen.

Las auras internas parecen proyectarse juntas, es cierto, pero no es frecuente que las auras internas de dos individuos se acerquen suficientemente en un primer encuentro como para expresar sus gustos mutuamente.

Me doy cuenta de que sus respectivas auras entrarían en contacto durante un apretón de manos. Personalmente, no puedo afirmar haber recogido mucha información a partir de un apretón de manos. Probémoslo la próxima vez que estrechemos una mano. Si no esperamos nada de ello, no nos sentiremos decepcionados.

Capítulo 3

Equipo y cómo usarlo

Supongamos que el aura, al menos en gran parte, consta de rayos cuyas longitudes de onda son más cortas que las de la luz visible; es decir, rayos ultravioleta.

Estos rayos se volverán visibles sólo cuando se haya producido un cambio en la retina del ojo, quedando así sensibilizada a longitudes de onda ligeramente más cortas de lo que puede apreciar normalmente. Puesto que el aura no se puede ver en completa oscuridad, se deduce que no emite una cantidad suficiente de rayos como para estimular un sentido de la visión a ningún nivel en los conos de la retina.

Muchos de los rayos del sol nunca alcanzan la Tierra. Algunos son absorbidos por la envoltura de gas que rodea al Sol y otros se pierden al entrar en la atmósfera de la Tierra. La mayoría de los que llegan a nosotros no pueden ser vistos. El espectro visible se extiende desde el límite rojo, donde la longitud de onda mide unas 800 millonésimas de milímetro, hasta el límite violeta con una longitud de onda de 400 millonésimas.

Los rayos situados más allá del rojo poseen una gran cantidad de energía, tal y como se puede ilustrar por su efecto caluroso. Los rayos ultravioleta tienen una longitud de onda muy corta y mayor refrangibilidad. Aunque no los podemos ver en circunstancias normales, su presencia puede ser mostrada por el hecho de que ciertas sales de plata son afectadas por ellos; son los rayos fotográficos, a veces llamados rayos actínicos.

Como los rayos ultravioleta son más refrangibles que los del espectro visible, se deduce que serán absorbidos más fácilmente al pasar por un medio más denso como el vidrio, que a través del aire. Ya hemos dicho que nuestra atmósfera absorbe algunos rayos; *a fortiori* un medio más denso como el cristalino del ojo y el humor vítreo deben absorber incluso rayos más largos. El profesor Starling dice que un ojo cuyo cristalino había sido extirpado por presentar cataratas había aumentado su apreciación de la longitud de onda en el lado violeta de 397 a 313. Por lo tanto, es evidente que el cristalino por sí solo absorbe rayos de suma importancia desde nuestro punto de vista al tratar el aura.

En cuanto a la densidad del medio, cuanto más lejos sobre el nivel del mar más fino es el aire, así que un espacio vacío sería ideal. El agua tiene un índice de refracción de 4/3 comparado con el del vidrio que es de 3/2. El vidrio Crown es mejor que el flint, y el cuarzo es mejor que cualquiera de los dos.

A continuación llegamos a la cuestión de las pantallas y su preparación. Una pantalla consiste en dos piezas de vidrio plano empastadas juntas a unos 3 o 5 mm de distancia. La distancia exacta dependerá, por supuesto, de la fuerza de la solución. El vidrio debería ser fino, obviamente, para evitar la refracción. El dicyanin es una tintura de alquitrán pero en Inglaterra es difícil de obtener en cantidades razonablemente pequeñas, así que tuve que comprarlo en Alemania. La sustancia tiene isómeros, es decir, los átomos que la forman se unen de forma diferente en cada tipo, aunque el número de átomos de cada elemento presente en la molécula será el mismo en cada caso. Estos isómeros se llaman dicyanin A y dicyanin B. No importa mucho cuál de ellos se utilice.

La sustancia es insoluble en agua así que debe ser disuelta en alcohol o, aún mejor, comprarla ya preparada en una solución alcoholizada.

La pantalla debería llenarse con esta solución y, a continuación, sellarla. Esto es importante al menos por tres motivos:

1. el alcohol se evapora rápidamente;
2. la tintura se deteriora si se expone a la atmósfera, especialmente si se calienta;
3. es un material peligroso si entra en contacto con nuestra piel.

La solución debería ser de color violeta azulado oscuro, no verde.

La luz no debe alcanzar los ojos cuando están siendo sensibilizados excepto a través de la pantalla.

Lo más eficaz es utilizar unas lentes hechas de algún material negro para que no deje pasar la luz, colocadas en unas gafas desmontables abrochadas por detrás de la cabeza mediante una tira elástica.

Las lentes deben ser huecas para poderlas rellenar con dicyanin. También pueden ser ligeramente curvadas, cóncavas o convexas, para adaptarse al ojo.

No importa qué tipo de pantalla se utilice. El proceso de sensibilización consiste en mirar al cielo, no al sol directamente, a través de esta pantalla oscura de dicyanin durante quizás un par de minutos, lo cual debería ser tiempo suficiente. Es posible que nos pasemos de este tiempo, provocando fatiga, en cuyo caso debemos esperar hasta que los ojos se hayan recuperado.

Una vez hayamos mirado al cielo, bajaremos los ojos y examinaremos el follaje que nos rodea. A continuación, intentaremos separar los dedos tal y como se explica en el capítulo 1. No recomiendo el uso de sujetos de cuerpo entero en un primer intento, ya que tal vez tardemos un tiempo en ser capaces de distinguir algo más que una imagen borrosa. Aquellos que cojan la pantalla por primera vez y esperen que el sol se oscurezca y que la luna se niegue a iluminarse están condenados a la decepción. El poder de la tintura es acumulativo y gradual. Con toda probabilidad se obtendrán mejores resultados si la pantalla no se retira al principio, hasta que la acción de la tintura en el ojo se ha acumulado suficientemente como para permitir al aura volverse visible después de que la pantalla se haya retirado.

Tal vez obtengamos mejores resultados con una medida intermedia: después de mirar a través de la pantalla oscura para sensibilizar la retina, la sustituimos por una pantalla más clara, es decir, una que contenga una solución más débil de dicyanin.

Si no vemos nada al principio, no debemos forzar los ojos mirando demasiado fijamente. Simplemente miraremos con naturalidad y esperaremos.

No debemos usar las pantallas durante demasiado tiempo en una sola sesión. Es una gran tentación, lo sé; especialmente cuando se ve muy bien. Pero forzar el ojo significaría no poder realizar más este trabajo hasta que los ojos se hubieran recuperado.

Si no se ve nada después de usar la pantalla durante unos minutos, se debería probar una luz tenue en mayor o menor medida. Cuando se ha descubierto la luz ideal para el ojo en cuestión, seguramente deberíamos ver lo que parece ser una neblina alrededor de los dedos. Cada persona necesita un tipo de luz distinta; yo no veo nada en un rincón oscuro con cortinas gruesas a mi alrededor, ya que mis ojos se sensibilizan mucho. Otras personas han dicho que pueden ver rayos que se extienden desde los dedos incluso una hora después de haber retirado la pantalla, a veces hasta en el primer intento. Este tipo de personas, sin embargo, son siempre jóvenes con una vista excelente.

No debemos esperar ser capaces de diferenciar entre el aura interna y la neblina más allá de ella en la primera sesión; no hasta que la acción acumulativa de la tintura haya sensibilizado los ojos completamente o los haya aclimatado, por así decirlo, a ver el aura sin esfuerzo. Éste debe ser un proceso necesariamente gradual.

La neblina vista, como he dicho, parece ser de un color azul grisáceo. La cuestión que se plantea a continuación es si este color azulado es debido a las ondas de la longitud que son normalmente responsables de producir el color que llamamos azul, o si son de una longitud más corta de los que vemos de color violeta, el último color en el extremo de onda corta del espectro visible.

Si el color se produce por el reflejo de los rayos de luz de una longitud de onda que da lugar al color azul, entonces esperaríamos que el color se transformara en las sombras habituales al mirarlo a través de un vidrio de color; pero los colores no son los que deberían ser. Parece que este color es el siguiente después del violeta, es decir, que es producido por longitudes de onda más cortas de las que nos dan la luz violeta y de los que habitualmente se dice que son de longitud roja ultravioleta. La idea es que el rojo ultravioleta, el color que no podemos ver normalmente y que va a continuación del violeta, es esta sombra gris azulada; llamémoslo lavanda.

Este tono lavanda es el color habitual del aura, especialmente de la neblina externa. He mencionado que a veces es bastante azulada y a veces más gris; también que cuanto mejor desarrollada está la capacidad mental del sujeto, más azul es la neblina. Tal vez, los rayos que producen el lavanda más azulado son de una longitud de onda ligeramente distinta a la de los responsables del color más gris.

Hay, sin embargo, otro aspecto en esta cuestión. Creo que es probable que el aura no ejerza un efecto suficiente en los conos de la retina como para producir ningún alto grado de estimulación de la fóvea central. Los bastoncillos siempre ven las cosas de un solo color: el gris. Trataré este punto más ampliamente en un capítulo posterior.

Es posible e incluso probable que otras tinturas aparte del dicyanin tengan el mismo efecto en los nervios de la retina. He obtenido buenos resultados con el pinacyanol. El requisito necesario es que debería ser de un color azul o violeta; uno que transmita las longitudes de onda más cortas del espectro. De hecho, debería acercar ligeramente el objeto al ojo.

Si, después de mirar fijamente a la luz durante un minuto más o menos a través de una pantalla que contiene una solución de una tintura específica, detectamos que sucede esto, entonces obtenemos posibilidades nada desdeñables. El microscopio debe decidir.

Pongamos un objeto fino y muy pequeño, como por ejemplo la pata de una mosca, en el foco. Si después de mirar a través de la tintura encontramos que todavía está enfocado, existe la posibilidad de que no hayamos descubierto la tintura adecuada.

Sin embargo, si tenemos que girar el tornillo de enfoque apreciablemente para acercar el objetivo al portaobjetos, entonces está claro que la tintura bajo observación tiene las propiedades fundamentales en común con el dicyanin.

En cuanto al equipo, deberíamos recordar que el vidrio elimina los rayos ultravioleta casi por completo. Las células de cuarzo se pueden utilizar como filtros. Lo más difícil es dar con una sustancia realmente adecuada que absorba los rayos del espectro visible y aun así transmita los ultravioleta.

Me gustaría mencionar un par de cosas sobre el uso general de los filtros; por ejemplo, los filtros de Wratten, que consisten en dos juegos de filtros de color hechos de gelatina. El primer juego es de colores primarios, azul, verde y rojo; los cuales dejan pasar un tercio del espectro cada uno. El segundo juego es de tres colores complementarios, azul eléctrico, magenta y amarillo; cada uno de los cuales deja pasar dos tercios diferentes del espectro. Cuando estos complementarios se combinan en parejas dan los tres primarios, y los tres combinados entre sí dan el negro.

Hay dos palabras, antes de cerrar este capítulo, que sin duda vendrán a nuestra mente: «fluorescencia» y «fosforescencia». Su significado exacto y la diferencia entre ellas pueden no estar claros para todo el mundo.

Fluorescencia: supongamos que un espectro cae sobre una pantalla de platinocianuro de bario violeta con brillo verde. Lo mismo harán los ultravioleta. La pantalla absorbe la energía de estos rayos, y la emite de nuevo en forma de luz verde. El nombre «fluorescencia» se toma de la primera sustancia en ser usada para este propósito hace más de tres cuartos de siglo, el espato flúor de Stokes. El sulfato de quinina también tiene esta capacidad, al igual que otras sustancias. Provocan un cambio de longitud de onda en los rayos que absorben antes de volver a emitirlos.

Fosforescencia: hay sustancias que si se exponen a la luz emiten luz por sí mismas cuando se colocan en la oscuridad, aunque normalmente serían clasificadas como cuerpos no luminosos. Los rayos más activos que causan fosforescencia son los violeta y aquellos de longitud de onda más corta.

El fósforo tiene un aspecto luminoso verde pálido cuando es expuesto al aire húmedo en ausencia de luz. Esto se debe a una combustión lenta en la parte del fósforo; un cambio químico que si se expone a la luz no se hace reversible. El fósforo no es realmente fosforescente. Se puede hacer que el sulfuro de calcio brille en la oscuridad durante varias horas tras ser expuesto a la luz brillante del sol. Esto es fosforescencia, ya que la luz del sol da a la sustancia una energía que a su vez emite en la oscuridad. Si se expone de nuevo a la luz del sol se volverá una vez más fosforescente.

Las sustancias fluorescentes, por otro lado, emiten luz sólo mientras la luz está actuando sobre ellas. La característica más notable de la fluorescencia parece ser el hecho de que el color o los rayos absorbidos son casi siempre de longitud de onda más corta que el color reemitido. El violeta y el ultravioleta pueden ser absorbidos para ser emitidos de forma fluorescente de color verde. Aunque no podemos usar este fenómeno muy fácilmente para capacitarnos para ver rayos ultravioleta como tales, está claro que podemos absorber estos rayos de onda ultracorta para que puedan ser reemitidos como luz visible. En resumen, la presencia de rayos ultravioleta en cualquier caso específico puede ser establecida a través de la fluorescencia, aunque no pueden ser vistos como ultravioleta.

Como he dicho, la sustancia más útil que he encontrado es el dicyanin, aunque posiblemente otras tinturas de alquitrán saldrán a la luz donde aparezca esta propiedad. Mis pantallas actuales contienen muy poco dicyanin.

Entre el resto de sustancias fluorescentes, aparte del platinocianuro de bario que tiene esta propiedad de fluorescencia en un grado más pronunciado que el resto, están la quinina, que es incolora y produce una fluorescencia de tintura azul; el uranio, que es amarillo pero tiene una superficie de tintura verde; la eosina rosa pálido (hecha a partir de tinta roja diluida) que produce una fluorescencia naranja; y una solución carmesí de naftalina roja que da escarlata.

Quiero destacar de nuevo el hecho de que el vidrio es prácticamente opaco a la luz ultravioleta, aunque el cuarzo se puede utilizar satisfactoriamente. El vidrio de color también ayuda desde el punto de vista de la conducción de experimentos; el vidrio rojo, por ejemplo, elimina todos los rayos de luz visible excepto el rojo, pero un vidrio coloreado de un violeta intenso con manganeso y cobalto transmite una justa proporción de la parte ultravioleta del espectro mezclada con violeta naturalmente visible. Si usamos quinina como una sustancia fluorescente, se puede ver la parte del espectro más allá del violeta como si fuera de un color lavanda.

Descomponiendo luz blanca por medio de un prisma de cuarzo y recogiéndola a través de una lente biconvexa hecha de un vidrio muy fino que contenga una solución de dicyanin en alcohol, se puede enfocar una franja de color lavanda pálido más allá del violeta. Los rayos responsables de este color extra son supuestamente rayos ultravioleta.

La fosforescencia depende hasta cierto punto de la temperatura. El profesor Dewar demostró que muchas sustancias se hacían fosforescentes a una temperatura de 200 grados bajo cero; sustancias que no mostraban ningún tipo de tendencia a poseer esta propiedad a temperaturas normales, por ejemplo plumas, papel o marfil.

Las sustancias parecen almacenar luminiscencia cuando están muy frías y emitirla cuando se calientan, aunque al dejar que se enfríen de nuevo la propiedad parece desaparecer en el recalentamiento. Este almacenaje de luminiscencia, por lo tanto, requiere frío intenso, mientras que el calentamiento hace que desprendan toda su reserva.

Antes de cerrar este capítulo sobre la preparación de las pantallas y equipo en general, voy a mencionar la evolución de mi propia pantalla.

Decidí que se debe perseverar con el dicyanin, la mejor sustancia descubierta por el momento.

Como es insoluble en agua se hace en una solución de alcohol, que debe estar contenido en una pantalla absolutamente hermética ya que se evapora muy fácilmente.

Como la luz del sol hace que la tintura se deteriore, se debe guardar en un lugar oscuro cuando no se utilice.

Mis primeras pantallas eran hojas de vidrio finas cementadas muy cerca una de la otra; de hecho eran diminutos depósitos de vidrio. Las principales dificultades fueron conseguir fabricarlas en Inglaterra donde incluso el tipo de vidrio más elemental parece ser desconocido, y la cantidad de tintura requerida para rellenarlas. A partir de aquí se desarrollaron las lentes huecas.

Es importante que ninguna otra luz, excepto la que pasa a través de la pantalla, alcance el ojo. Yo solía cubrirme la cabeza con una tela como los fotógrafos; de hecho, mi capucha de universitario era perfecta. Más tarde coloqué las lentes en las gafas desmontables, siendo las partes laterales entre las lentes y los ojos de un material negro. Un revestimiento de piel alrededor de los ojos hace las copas resistentes a la luz, aunque personalmente pienso que tiene el inconveniente de hacer que la frente sude. Cualquier forma de humedad en las lentes tapa completamente el aura, tanto haciendo la pantalla menos transparente como refractando los rayos. La humedad es una de las razones por las que los rayos ultravioleta se pierden al entrar en nuestra atmósfera, haciendo que solamente un pequeño porcentaje nos alcance.

Actualmente estoy experimentando con lentes huecas que contendrán la tintura en una solución de mejor fuerza, aunque variará ligeramente con ojos diferentes. Espero cementarla en las lentes para prevenir su evaporación. El problema es que con el tiempo la tintura se deteriorará y las lentes necesitarán rellenarse. Creo que he dado con una tintura muy parecida al dicyanin, que es un sensibilizador mejor y que se deteriorará muy lentamente. Tengo la intención de sacar estas pantallas más o menos perfeccionadas al mercado. Mucha gente ha querido pantallas para su propio uso y han encontrado el dicyanin difícil de obtener además de caro. Si se comprara en grandes cantidades, creo que se podrían producir suficientes pantallas para cubrir el coste de producción. ¡Mi pantalla original me costó unas diez libras! Ahora puedo conseguir una pantalla individual por unas tres libras. Debería ser posible reducir considerablemente el coste de estas dos lentes rellenas de tintura colocadas en unas gafas desmontables haciendo una cierta cantidad. Tras haber probado en todas partes, creo que las lentes huecas tienen que adquirirse en Alemania, donde son excelentemente producidas; de vidrio de buena calidad y no de cuarzo, que sería prohibitivo; y tanto planas, plano-convexas, doble convexas o como se quiera. Personalmente, he tenido suerte de conseguir éstas por diez chelines cada lente, con impuestos. Suena caro e indudablemente lo es, pero me llevó mucho tiempo y muchos problemas obtenerlas, aunque contaba con la ayuda de un amigo que tenía importantes conexiones de negocios con una empresa de aparatos de vidrio en Alemania.

Me parecía que un par de vidrios de reloj deberían unirse por unos cuantos chelines con los vidrios incluidos. Si alguien lo prueba agradeceré cualquier consejo. Naturalmente, tengo que esperar mis lentes y mi tintura durante semanas.

El vidrio púrpura causa el mismo efecto a primera vista. Todo parece malva azulado o malva rojizo. Intenté conseguir un color exacto al de mi tintura, pensando que de este modo se obtendría una ayuda barata para los principiantes, pero de esta forma no se sensibiliza la retina y, aunque el follaje o las flores se ven igual que a través de la pantalla real, no nos permite adquirir la habilidad de apreciar los rayos ultravioleta. Intentemos mirar colores amarillos con el sol cayendo sobre ellos. Un diente de león a través del vidrio púrpura parece malva; a través de la tintura parecerá de un olor guinda encendido. La tintura parece dar vida al follaje mientras que el vidrio hace que todo se vea completamente malva, en tonos entre luz y púrpura oscuro, en lugar de azules y rojos.

Una tintura más barata que no se deteriore si se expone al aire directamente para que fuera posible pintar un vidrio con ella sería una gran ayuda. El principal problema está en hacer las lentes huecas y evitar que la solución se evapore.

Ya he dicho que es una cuestión discutible el hecho de que el efecto en el ojo sea debido completamente a la tintura, o si el color juega un papel simplemente porque se trata de un color en particular.

El dicyanin que no es del color adecuado sensibiliza, pero lentamente. Los vidrios púrpura por sí solos son muy poco efectivos.

La tintura es esencial, ya que es exclusivamente responsable de la sensibilización. El color posiblemente ayude a eliminar ciertos rayos que tienden a impedir o ralentizar la sensibilización.

El dicyanin trabaja lentamente en comparación con mi mezcla de pinacyanol. El dicyanin es más azul, menos púrpura. Hay más de un tipo de pinacyanol; un tipo de los que he tenido es soluble en alcohol, sólo en pequeñas cantidades; y en alcohol puro, aunque podemos hacer que se disuelva en uno de los otros alcoholes.

Probablemente cuando el aura se ve por primera vez aparece como un vapor púrpura más claro alrededor de la piel de un púrpura más oscuro.

Más adelante, destacaré la diferenciación entre las partes que componen el aura. Las peculiaridades en el aura, tales como el color (azules y grises), no aparecerán de golpe. No es fácil de ningún modo mantener el aura a la vista cuando se pueda ver en su totalidad al principio. La mayoría de la gente ve algo sin poder diferenciar las partes internas de las externas. El aura interna es normalmente la primera parte en ser identificada definidamente, lo que significa con toda probabilidad que algo ha aparecido, tal vez subconscientemente, más allá de ella ya que parece tener un margen distal diferenciado. Entonces, la neblina externa aparece extendiéndose considerablemente más allá de la primera parte. Veremos que se extiende más allá de las puntas de los dedos. Para mí es como una bruma que nunca está quieta; aun así no podría decir cómo o en qué dirección se mueve. Podría comparar el aura interna con el agua, calmada, poco profunda, y aun así cuando se hace más clara se ve rayada.

Es la neblina brumosa la que ofrece más dificultad, del mismo modo que ofrece mayores posibilidades. Las cosas que vale la pena tener son normalmente más difíciles de adquirir, y aquí está tal vez la principal dificultad que ya he mencionado, mantenerla a la vista cuando la has descubierto. Debemos verla sin tener que mirarla fijamente, registrarla en los bastoncillos de la retina, no en la fóvea central, y por lo tanto tenemos que mirar a sus lados, sólo a sus lados; algo de ningún modo fácil de hacer sin practicar. Podemos caer en la tentación de mirarla como para intentar enfocarla mejor porque es tenue, especialmente cuando se descubre por primera vez; pero debemos perseverar en esto. La práctica hace más fácil ver sin mirar directamente a la neblina, y también el efecto acumulativo de la tintura tiende a hacer el ojo más sensible a estos rayos haciéndolos más fácil de distinguir.

Capítulo 4

¿Es el aura interna nuestro campo eléctrico?

Ahora llegamos a una cuestión mucho más difícil: la de si el aura contiene o no partículas eléctricamente cargadas. Ya se ha señalado que al menos la neblina externa está formada por rayos ultravioleta. Éstos no son materiales, es decir, no contienen ninguna sustancia sólida. Los rayos del sol pasan a través del espacio pero no lo calientan porque no hay materia sólida que calentar. Cuando el calor es irradiado desde un cuerpo caliente, los rayos transmiten calor a todos los cuerpos más fríos que se encuentran en su camino sin excepción. Lo mismo se podría decir y aplicar a los rayos de luz, y también a las ondas más cortas de luz ultravioleta.

Estos rayos son irradiados desde el cuerpo vivo y, por los medios ya descritos, es posible verlos. De hecho, la neblina exterior de nuestra aura se compone de estos rayos que no contienen materia sólida, aunque el aura interna presenta atracción magnética.

Este hecho puede ser explicado de un solo modo: debe contener algunas partículas sólidas, ya que los imanes no pueden afectar a los rayos de luz.

Ningún imán, ni eléctrico, ni de herradura, ni una barra imantada, ejerce ninguna influencia en la neblina externa. Sólo existe alguna sospecha de que el aura interna contiene partículas sólidas.

En primer lugar, la luz tenue causa que toda el aura se desvanezca, y que más tarde vuelva a aparecer gradualmente. Todo esto es muy contradictorio a primera vista.

Si estamos de acuerdo en que el aura sólo puede ser emitida por un cuerpo vivo, podemos entender fácilmente que la pérdida de conciencia podría, de hecho debería, provocar que pasara esto. Recobrar la conciencia causaría entonces que el cuerpo emitiera su aura de forma natural, tanto la interna que contiene partículas sólidas como los rayos de longitud de onda ultravioleta que dan lugar a la neblina más allá de ella.

Cuando al sujeto bajo inspección se le daba una carga eléctrica mediante una máquina de Wimshurst, la parte interna del aura se desvanecía y más tarde volvía a aparecer un tanto expandida.

La neblina externa no resultaba prácticamente afectada, aunque aparecía algo atenuada, concretamente en su límite distal.

Consideremos los hechos cuidadosamente y veamos si podemos explicarlos de forma satisfactoria. La carga, similar o no, causa que el aura interna se desvanezca, y después vuelva a aparecer más expandida. Nada fuera de lo normal, seguramente. El aura expandida es sin duda el aura interna con sus partículas cargadas eléctricamente invadiendo la neblina externa. La diferenciación entre las dos auras está desde luego menos marcada. El más mínimo desvanecimiento del brillo de la neblina exterior, si no es puramente imaginario, debe atribuirse al efecto de algún golpe de luz debido a la carga, provocando una condición similar en un grado menor a la producida por la muerte o en caso de desfallecimiento. Me he aventurado a sugerir que esta neblina es de origen ectodérmico y debería, por lo tanto, ser afectada por cualquier cosa que el sistema nervioso registre.

Los sólidos o bien son atraídos por imanes, en cuyo caso se dicen que son magnéticos; o no se ven afectados, en cuyo caso se dice que son no magnéticos. Ciertos metales presentan esta propiedad magnética, concretamente el hierro, el níquel y el cobalto. Las partículas en el caso del aura serían indudablemente de hierro.

Las sustancias magnéticas deben ser subdivididas en «magnéticas», aquellas que son atraídas hacia un imán sin importar cuál de sus extremos se presente, e «imanes reales». Los imanes atraen otros imanes, pero también los repelen. Supongamos que suspendemos de un trozo de algodón un imán pequeño, con el polo que busca el norte girado hacia el norte magnético, como en el caso de una brújula. El otro extremo del imán, el polo que busca el sur, será repelido por el polo norte de la Tierra, así que se girará hacia el sur.

Si las partículas contenidas en nuestra aura fueran imanes reales, deberían llegar a un imán, es cierto, pero si el imán se girara para presentar su otro extremo ante las partículas, entonces el aura debería alejarse.

Mucha gente cree que esto ocurre, justificando de este modo muy claramente gustos instintivos. Personalmente no he detectado que un imán repela el aura interna, y, por lo tanto, debo considerar que sus partículas son simplemente magnéticas, pero no imanes reales.

Se han citado casos de imanes que han sido atraídos al cuerpo, supuestamente al campo del aura interna, con el resultado de que el sujeto sintió dolor físico real. Un caso en particular responde a un testigo muy encomiable que declaró que durante el progreso de una tormenta especialmente violenta, una mujer gritaba de dolor cuando se le acercaba una barra imantada. Un poco más tarde se le acercaba de nuevo el imán al cuerpo, sin que ella lo supiera esta vez y el resultado era exactamente el mismo. Ella fue consciente de su presencia instantáneamente y localizó su posición exacta, en algún lugar de la espalda donde era imposible que hubiera visto el imán.

Comparemos a continuación ciertas afecciones provocadas por el cuerpo cuando ha estado sujeto a una carga de electricidad con las exhibidas por el aura interna. Debemos recordar que, cuando el cuerpo se carga de electricidad con una máquina de Wimshurst, la carga eléctrica se extenderá por toda la piel, es decir, será una carga puramente superficial.

En el caso del aura natural, aunque debo señalar que otros investigadores no están de acuerdo conmigo en esta cuestión, esta parte del aura es de origen endodérmico y, por lo tanto, procede de algún lugar bajo la piel, en cuyo caso su carga debe penetrar la piel para formar un campo eléctrico de influencia a su alrededor, concretamente, el aura interna.

En el caso de carga sobre la piel, la fricción a veces aumenta la carga. En esta situación el aura no está involucrada, ya que masajear la piel no altera su apariencia de forma apreciable.

Humedecer la piel tampoco causa ningún efecto en el aura.

Los conductores cargados tienen un campo mucho más amplio alrededor de puntos que alrededor de superficies planas. El aura también se extiende más lejos desde las puntas de los dedos que desde la zona de las palmas de las manos, por ejemplo. Lo mismo se puede notar con respecto al codo, cuando las manos están colocadas sobre las caderas y opuestas al antebrazo o la parte superior del brazo. En este caso, el aura interna sólo se extiende poco más de un centímetro, mientras que alrededor del tronco se extiende mucho más lejos, no porque el tronco sea angular o puntiagudo, sino porque es mucho más grande. Cuando las manos están colocadas sobre las caderas la neblina externa del tronco traslapa la del brazo. La neblina aparece más brillante aquí que en ningún otro lugar. Si pedimos al sujeto que coloque las manos sobre las caderas cuando estemos inspeccionando la neblina externa, podremos distinguir su color más fácilmente.

El aura alrededor de la cabeza es a menudo ancha, pero la anchura se debe casi totalmente a la neblina externa extendida. En realidad, el aura interna es muy estrecha, y se extiende un poco más allá del pelo de un hombre, y queda completamente escondida por la cabellera de una mujer. ¿Qué sugiere esto? Veamos: volviendo de nuevo a la lombriz de tierra, encontraremos que estos animales no tienen cerebro. El cuerpo del gusano consta, como ya he señalado, de la piel (ectodermo) y el tracto digestivo (endodermo). Entre estos dos cilindros, en el mesodermo, está situado, entre otras cosas, el cordón nervioso. Éste va de un extremo al otro del gusano abdominalmente. En el extremo anterior el cordón nervioso termina en un par de ganglios.

Subiendo un poco la escalera de la evolución encontramos a los moluscos y los artrópodos, en los que detectamos ganglios cerebrales ligeramente más desarrollados. Si ascendemos un poco más llegamos a los vertebrados; primero los peces, después los anfibios, representados en Inglaterra hoy en día por la rana, el sapo y el tritón, y a continuación los reptiles que eran mucho mayores que los actuales, pero su cerebro, a pesar de presentar una mejora continua sobre los invertebrados, era mucho más inferior al de sus sucesores, los mamíferos. Y así el intelecto va aumentando desde los días de los primeros mamíferos, que probablemente serían algo parecido a los damanes de Suráfrica, no como las cobayas, y que conquistaron a los monstruosos reptiles con el simple recurso de comerse sus huevos, a través de las distintas fases intermedias, ninguna de las cuales existe hoy en día (ya que todos han progresado, algunos más fácilmente que otros, pero no a lo largo de un camino común), hasta que llegamos al gato, el gálago (el lémur moholi de la actualidad), el mono de cola anillada, los simios y así hasta el *homo sapiens*, como se conoce al hombre modestamente.

Aquí vemos cómo el cerebro se ha desarrollado a partir del extremo hinchado del cordón nervioso. El sistema nervioso se origina a partir del ectodermo. El ectodermo y el mesodermo son responsables de la neblina externa.

La neblina externa es también ancha en la zona de la columna, en comparación con el aura interna, por supuesto. La columna del vertebrado se corresponde con el nervio abdominal de la lombriz de tierra y de la langosta, teniendo en cuenta que el cordón espinal se extiende dentro de una columna vertebral en los animales superiores en vez de estar situado abdominalmente. Hay, sin embargo, un aura interna bien marcada y es muy posible que esté afectada favorablemente por el notocordio.

No pretendo afirmar que la electricidad es emitida por el endodermo; supuestamente las auras del ectodermo, el mesodermo y el endodermo se traslapan una a otra, mezclándose de forma gradual. Aunque la diferenciación, representada por el margen visible entre las dos partes del aura, se debe al hecho de que los rayos ultravioleta se extienden más allá de las partículas cargadas eléctricamente que se entremezclan con esa parte del aura emitida como el aura interna.

Incluso esta afirmación no debe ser tomada como un hecho de ningún modo. Se deben realizar muchas más investigaciones, y confío en que se llevarán a cabo por científicos mucho más capacitados que yo.

La teoría de que la neblina externa se origina desde el mesodermo y el ectodermo, mientras ciertos hechos apuntan a la posibilidad de que el endodermo sea el responsable del aura interna, es simplemente una teoría mía, y la ofrezco como reflexión.

Estoy mucho más seguro en lo que se refiere a la neblina externa que al aura interna, con respecto a la que hay por lo menos un obstáculo que superar; concretamente, observaciones realizadas donde los músculos han sido dañados. Los músculos no son de origen endodérmico y, aun así, la parte dañada parece no emitir aura interna, o prácticamente ninguna.

Se puede demostrar por medio de un galvanómetro que el rastro de una corriente existe desde el extremo de un músculo hasta el centro, es decir, con un circuito externo desde el centro hacia los extremos. Esta corriente era conocida como la corriente muscular natural.

Hermann ha mostrado que esto no es así para un músculo en reposo, sino que la corriente se debe a la lesión causada en la preparación, y varía directamente con la extensión de la lesión. Para citar a Hermann: «En músculos parcialmente lesionados cada punto de la parte lesionada es negativo para con los puntos de la superficie no dañada».

Starling nos dice que cuando un músculo está completamente muerto esta corriente de reposo cesa al ser debida a la diferencia eléctrica entre el tejido vivo y el agonizante, aunque no muerto.

Cualquiera que sea la explicación de esta corriente en el músculo en reposo, hay definitivamente una carga eléctrica cuando un músculo se contrae. No sé con ningún grado de certeza si esta presencia eléctrica registra su efecto en el aura interna. Los músculos lesionados provocan una alteración en la apariencia de esta parte del aura. No estoy sugiriendo que esta electricidad sea responsable del aura interna, ya que hay muchas más pruebas a favor de que tiene su origen en el endodermo.

Consideremos ahora qué queremos decir con la palabra «endodermo». No necesitamos volver a hacer referencia al gusano para esto; consideraremos el desarrollo del huevo del anfioxo, ya que el desarrollo de este tipo más inferior de vertebrado de algún modo se asemeja al del mamífero.

El óvulo fertilizado es una sola célula microscópica. La primera división es longitudinal; también lo es la segunda, en ángulos rectos a la primera. La tercera es ecuatorial, dividiendo el óvulo en un polo animal superior consistente en cuatro células y un polo vegetativo también de cuatro células bajo él.

A continuación vienen dos planos de segmentación longitudinal, seguidos de dos ecuatoriales. De este modo la segmentación continúa hasta que se forman 256 células, dando lugar a una esfera hueca llamada «blastosfera».

Ahora sigue la gastrulación. Imaginemos una pelota de tenis pintada la mitad azul, el polo animal, y la mitad roja, el polo vegetativo. Colocamos los pulgares juntos en medio del rojo y hacemos presión girando esta mitad hacia dentro hasta que esté situada inmediatamente bajo la azul. Después, supongamos que los bordes de la azul son atraídos para encontrarse. Ahora tenemos media pelota (gástrula = una copa) azul por fuera y roja por dentro. La parte roja es el hipoblasto o endodermo;

la parte azul será el epiblasto o ectodermo.

El epiblasto se aplana en el futuro lado dorsal formando el futuro cordón nervioso.

El mesoblasto se forma entre el epiblasto y el primitivo hipoblasto. De este modo, tenemos tres capas embrionarias. El hipoblasto produce el revestimiento del canal alimenticio y las glándulas que se abren en él, también del notocordio.

El mesoblasto es responsable de los órganos reproductores y excretores, los vasos sanguíneos, los músculos y tejido conjuntivo, mientras la piel y el sistema nervioso, como he mencionado previamente, provienen del epiblasto.

Aunque parte del aura interna es material, no estoy de ningún modo conforme con que toda ella lo sea. Es probable que pueda contener algunos rayos emitidos por el endodermo, además de aquellos que forman la neblina externa que se extenderán a través del territorio asignado al aura interna de camino al suyo propio. Es indiscutible que el aura interna contiene algún tipo de materia sólida; los imanes lo han demostrado.

Ahora prestemos atención a algunas de las pruebas a favor de su origen endodérmico.

El caso de una mujer, que había padecido durante algunos años de indigestión crónica, con un aura interna débil, concretamente por encima de la zona del estómago. Aun así la neblina externa era buena. Posteriormente, se puso nerviosa y cayó en un estado de depresión. Su neblina externa mostraba un abultamiento en la zona de la columna cuando se miraba de perfil. Este bulto no era muy pronunciado, supuestamente porque el nerviosismo no estaba presente desde hace tiempo.

Otro caso, en el que a un sujeto le habían extirpado el apéndice vermiforme recientemente, ofrece pruebas confirmatorias. La ne-

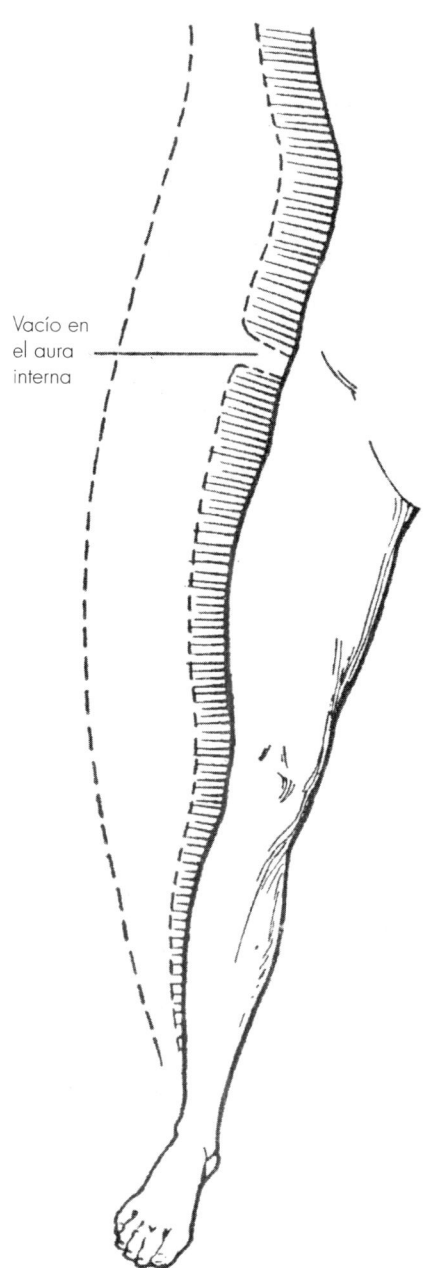

Aura interna no emitida en la zona donde acababa de ser extirpado el apéndice.

blina externa era clara y bastante ancha para ser un hombre. El aura interna era de un brillo medio pero había una veta pálida por encima de la zona del apéndice, tan estrecha que parecía un rayo negro, una explicación bastante contradictoria pero descriptiva, ya que la raya no tenía ni dos centímetros y medio de ancho. Se debía, sin lugar a dudas, al hecho de que esa zona no emitía aura. Representaba un vacío, al no existir la presencia del aura justo en el lugar donde su fuente había sido extirpada.

Uno se pregunta por qué otras partes del intestino en la misma zona no proporcionan un aura. Sólo puedo repetir que el vacío era muy estrecho.

Otro hombre me dijo que había sufrido recientemente una operación de hígado, aunque no fue muy claro acerca del motivo, y cuando fue examinado su aura interna en la zona del hígado era efectivamente más débil en un lado que en el otro, mientras que la neblina más allá era normal.

En un caso de riñón flotante en el que el riñón era muy movible y causaba mucho dolor, cuando el aura interna se veía de perfil, era débil en la región baja de la espalda, mientras que la neblina externa era ancha y arqueada. Este caso proporciona muchas pruebas contradictorias, ya que habríamos esperado que la neblina externa hubiese estado afectada. El sujeto era neurótico; de ahí la neblina arqueada, pero el riñón flotante no causó un efecto marcado en la neblina externa, mientras que parecía haber afectado al aura interna. Esto puede ser explicado por el hecho de que la lesión era debida a que el sujeto se cayó de un caballo y fue arrastrado mientras cazaba. Se debieron causar muchos moratones en los músculos y, posiblemente, sufrió otras lesiones cuya naturaleza no fue revelada.

Las contusiones de los músculos a menudo causan una estriación del aura interna, cuya textura es notablemente diferente sobre los puntos de lesión a otros lugares.

Los rayos ultravioleta poseen el poder de anular la carga en una superficie electrificada. Esto se ha sabido desde hace mucho tiempo. El profesor Hertz detectó que las superficies que llevan una carga eléctrica, como las láminas de un electroscopio de láminas doradas, podrían ser deselectrificadas por rayos ultravioleta. Sin embargo, si la superficie electrificada es metal rodeado por aire, los rayos ultravioleta que caen sobre él provocarán la deselectrificación sólo si la superficie lleva una carga negativa. El profesor Thompson detectó, sin embargo, que si una superficie de peróxido de plomo está rodeada por hidrógeno puede ser deselectrificada por estos rayos si la electrificación es posible.

Esto sugiere que los diferentes tipos de ondas luminosas tienen diferentes poderes fotoeléctricos además de fotoquímicos.

Hay muchos puntos que aclarar antes de que podamos localizar todas las fuentes que parecen afectar al aura interna, y será necesario inspeccionar muchos más sujetos de los que probablemente crucen mi camino para proporcionar una variedad de experiencias que puedan establecer los aspectos cuestionados.

Cuando digo que el masaje no afecta materialmente al aura, quiero decir que por medio de la fricción no parece producirse más superficie de electricidad. Ya he expresado mi creencia de que esta aura interna es de origen endodérmico y, por lo tanto, proviene de debajo de la piel en la que se está ejerciendo la fricción. Tampoco humedecer la piel altera la anchura o intensidad de esta emisión más material. Es, sin embargo, factible que un cuerpo pueda ser capaz de transmitir una ligera, aunque beneficiosa, corriente a otro cuerpo cuyo potencial es menor. Conozco a un médico que utiliza esto en los masajes. Dicho médico me ha tratado el reumatismo con éxito. El principio es bastante obvio: si emitimos partículas cargadas eléctricamente debemos contener una cierta cantidad de electricidad o carga. Como algunas personas tienen un aura interna más intensa que otras, es decir, un campo más fuerte, se deduce que no todo el mundo está cargado al mismo potencial. Si dos cuerpos están a diferentes potenciales y entran en contacto, una corriente de electricidad fluirá desde el cuerpo con mayor potencial hacia el de menor potencial. Si la piel se cubre de agua, esto debería tender a ayudar el paso de esta corriente. Mi piel fue humedecida con una sustancia de una botella y este doctor colocó sus dedos sobre la articulación del hombro que me dolía. No hizo más que un pequeño intento de fricción, pero pronto sentí una agradable sensación que pasaba a través de mi hombro. Admití estar ligeramente sorprendido ante un resultado tan obvio para una acción aparentemente tan sencilla. Me di cuenta de lo que estaba pasando y pregunté si el líquido con el que mi hombro había sido masajeado era agua, ya que no podía concebir otro líquido más adecuado para este propósito. El doctor sonrió y explicó cuál era su principio. Mi reumatismo se originó hacía unos diez o doce años antes de este tratamiento, supuestamente por congelación, y como no había remitido con ninguna otra forma de terapia él había encontrado justificable probar el efecto en este estado de potencial mayor, llamémoslo «salud radiante», en mi persona. El efecto naturalmente no fue duradero, aunque creo que si hubiera podido continuar el tratamiento me habría beneficiado hasta que mi potencial hubiera sido elevado al nivel del doctor que me dijo que tenía que mantenerse en perfecto estado para ser capaz de transmitir electricidad a otros. No sentía efectos adversos como resultado de esta práctica, ya que la caída de potencial en cada sesión era infinitesimal. Un hombre en muy buena forma debería poder transmitir una corriente beneficiosa, que no es una corriente fuerte, a un hombre débil, digamos un toque curativo, que es a lo que equivaldría en un caso extremo. Sin duda, un milagro se hace no menos creíble porque se ha utilizado un fenómeno simple, conocido y cotidiano para realizarlo. ¿Es más fácil de creer? Cristo probablemente tenía este alto potencial y lo usó como agente mediante el cual realizó algunos de sus milagros.

Aunque hay otras explicaciones reconocidas, creo que ésta debe ser una de las razones por las que le pidió a María que no le tocara cuando lo conoció en el Jardín después de la Resurrección. Si hubiera hecho eso, posiblemente el resultado habría sido fatal para ella.

Esta electricidad viviente, si se puede describir así, es mucho más beneficiosa de lo que la generada por un objeto inanimado llegará a ser jamás. El aura de un individuo tan altamente cargado sería de una intensidad extraordinaria. No puedo recoger rayos de una lámpara de arco con mi pantalla a un nivel suficiente como para considerarlos un aura. Claramente un cuerpo vivo emite algo más que simples rayos ultravioleta o electricidad artificial en forma de aura. Sólo queda demostrar cuál es la diferencia.

Capítulo 5

Un breve resumen de:
1. La estructura del ojo
2. El espectro

Una descripción muy breve de la estructura y las funciones del ojo humano puede resultar muy útil antes de profundizar más en el tema. Mi intención es más exponer esto en forma de notas y ayudado por un diagrama que entrar en una tediosa discusión. Los libros de texto de óptica o de biología elemental ya contienen descripciones muy buenas que desde luego no puedo mejorar. Esto, sin embargo, puede ayudar a refrescar la memoria y a aclarar muchas de mis discusiones posteriores.

Cierre esclerótico: capa blanca y resistente a la que están unidos los músculos para tirar del globo ocular. Transformado en su parte delantera en una córnea transparente; una capa a prueba de polvo lavada por la secreción de la glándula infraorbitaria y protegida por los párpados, siendo la estructura carnosa de color rosa en la esqui-

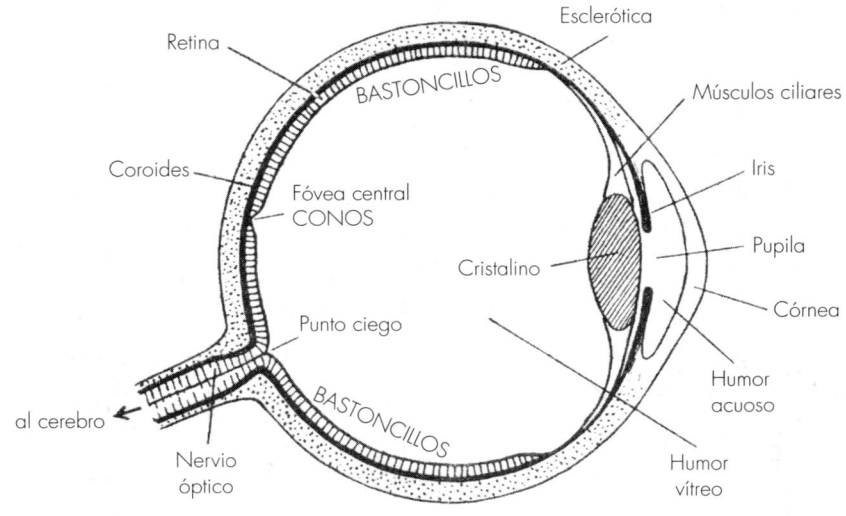

El ojo.

na mesial los restos de la membrana nictitante, que tan a menudo se ve cubriendo los ojos de las aves.

Coroides: revestimiento oscuro de la esclerótica. Contiene vasos sanguíneos para el alimento. Se convierte por delante en dos músculos:

1. *Iris:* regula el tamaño de la apertura (pupila) que varía inversamente a la fuerza de la luz.
2. *Músculos ciliares:* tiran de la parte trasera del cristalino para alterar su convexidad. De este modo, estará capacitado para enfocar en la retina imágenes de objetos tanto cercanos como distantes. Esta capacidad se conoce como acomodación, cuya falta resulta en hipermetropía o en miopía, y se corrige por la adición de gafas con lentes cóncavas o convexas, respectivamente.

Retina: revestimiento interior sensibilizado por el nervio óptico que lleva impulsos de vista desde la retina al cerebro. Consta de terminaciones nerviosas:

1. *Conos:* más abundantes en la fóvea central. Funciones: visión y color claros.
2. *Bastoncillos:* más abundantes en la periferia. Funcionan sólo en luz tenue cuando todos los objetos parecen azul grisáceo.

Los conos y los bastoncillos han sido tratados en detalle en otro capítulo, así que ahora no es necesario extendernos más.

Mancha amarilla (mácula lútea): parte de la retina inmediatamente opuesta a la pupila. Tiene un diámetro de alrededor de 2 mm. El centro de la mancha amarilla es la fóvea central.

Punto ciego: lugar donde el nervio óptico entra en la retina. Normalmente 1 ¼ de mm en el lado nasal de la mácula lútea. No es sensible a la luz. Su existencia puede ser fácilmente demostrada haciendo un punto y una cruz a unos quince centímetros de distancia en un trozo de papel que se sostiene horizontalmente con la cruz a la derecha del punto. Si cerramos el ojo izquierdo y miramos el punto, la cruz se puede ver por el extremo del ojo derecho cuando el papel se sostiene a la altura del brazo.

A medida que se acerca la cruz desaparecerá cuando se alcance el punto ciego, pero al acercar aún más el papel, o sacándolo de su posición horizontal, la cruz reaparecerá. Se ha escrito mucho sobre el punto ciego y existen posturas tanto a favor como en contra que no voy a discutir aquí.

Humor acuoso: sustancia líquida entre la córnea y el cristalino.

Humor vítreo: sustancia gelatinosa detrás del cristalino.

Ambos evitan que el ojo se deforme y tienen más o menos el mismo índice de refracción.

Consideremos por un momento los diferentes medios a través de los cuales los rayos tienen que pasar al entrar en el ojo antes de que puedan alcanzar la retina. Todos estos medios son capaces de refractar los rayos, y también de enfocar los diferentes colores en diferentes lugares, hasta la casi total exclusión de cualquier cosa con longitud de onda más corta que la de la luz violeta.

En lo que respecta a los diferentes focos de colores, la aberración cromática no tiene lugar a ningún nivel marcado en el paso de la luz a través del cristalino (que es una especie de prisma multilateral) ya que la luz es luz blanca. Un haz de rayos rojos y un haz paralelo de rayos azules, cada uno de ellos alcanzando el cristalino paralelo al eje principal, encontrarían el eje producido tras el cristalino en diferentes puntos; el azul delante del rojo.

Con la luz blanca debe de pasar lo mismo, aunque no seamos conscientes de ello ya que nuestro cerebro se ha acostumbrado a ello. He mencionado en un capítulo anterior que probablemente los colores amarillos son enfocados exactamente en la retina con los azules un poco más cortos y los rojos detrás. La distancia focal del cristalino de este modo difiere de los rayos de diferentes colores, pero la diferencia es de hecho muy ligera. El foco del cristalino es de unos 43,7 mm. La refracción debida a los medios, es decir, hacer que la imagen aparezca más cerca de lo que realmente está justo como una moneda colocada bajo un trozo de plástico parece ser elevada sobre la superficie de la mesa, es fácilmente superada porque el cerebro se acostumbra a recibir impulsos de objetos a través de los medios refractados. Después de todo, las imágenes recibidas a través del cristalino del ojo son invertidas. El cerebro hace que parezcan estar del derecho. Cada una de nuestras partes adquiere diferentes funciones para adaptarnos a nuestro alrededor.

Éstos son los medios por los que se pasa: córnea, humor acuoso, cristalino y humor vítreo. Los rayos pueden ser refractados en las superficies delanteras y traseras de la córnea, y las superficies delanteras y traseras del cristalino.

Los índices de refracción de la córnea y de los humores acuoso y vítreo son casi idénticos: 1,336. Por lo tanto, pueden ser tratados como si fueran una sola sustancia. Llamémosla sustancia ocular. El índice de refracción del cristalino es 1,437. Tenemos virtualmente sólo dos medios: la sustancia ocular y el cristalino. Las superficies refractivas que nos importan quedarán, por lo tanto, reducidas a tres: la parte anterior de la córnea y la parte anterior y posterior del cristalino.

Los obstáculos que tienen que ser superados por los rayos podrían determinarse de la siguiente forma:

a) Radio de curvatura de la córnea, 8 mm.
b) Grosor de la córnea + humor acuoso, 3,6 mm.
c) Radio de curvatura de la parte anterior del cristalino, 10 mm.
d) Grosor del cristalino, unos 3,6 mm.
e) Radio de curvatura de la parte posterior del cristalino, 6 mm (variará según la acomodación).
f) Grosor del humor vítreo.

Las tablas muestran que la distancia focal de la parte anterior de la córnea es de 23 mm, mientras que la del cristalino es de 44 mm.

Los recíprocos de estos números sumados nos dan el recíproco del conjunto de la distancia focal, es decir, la del ojo entero, 15 mm. La superficie anterior de la córnea es claramente de vital importancia.

El ojo miope no puede ver objetos distantes con claridad, ya que la capacidad de acomodación no permite a los músculos ciliares tirar suficientemente del cristalino como para enfocar los rayos exactamente en la retina.

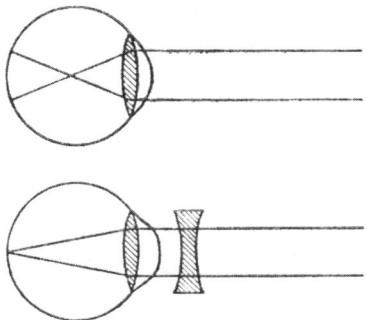

Miopía corregida con una lente cóncava.

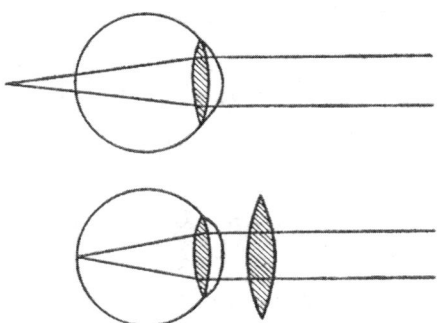

Hipermetropía corregida con una lente convexa.

La hipermetropía, también llamada presbicia, se debe a que el cristalino se estira demasiado como para enfocar objetos cercanos claramente.

En la «Introducción» he mencionado brevemente cómo descubrí por primera vez que la tintura que usaba tendía a corregir la hipermetropía. Kilner detectó que tenía que reajustar el foco de su microscopio después de usar la tintura. Él era, sin embargo, varios años mayor que yo. Aunque sus ojos deberían haber estado bien, incluso los mejores ojos perderán su capacidad de acomodación a medida que envejezcamos.

Al saber que Kilner también había hecho este descubrimiento unos años antes, inmediatamente me dispuse a probar que el mismo cambio había tenido lugar en mis propios ojos probando su enfoque en mi microscopio antes y después de sensibilizarlos con las pantallas. El resultado fue, como ya he dicho, el que estaba buscando y deseando, aunque no a un nivel tan marcado como habría sido el caso con un hombre más mayor, obviamente. El resultado de sensibilizar los ojos, por lo tanto, es el equivalente a llevar una lente convexa, pero sin el peligro considerable de tomarlo como un juego. El efecto es, sin embargo, temporal. Ningún mal o bien duradero se causará en los ojos por el uso de las pantallas.

La tintura que empleo no es la misma que la usada por Kilner, aunque posiblemente su dicyanin pueda ir bien a algunos ojos además de mi sensibilizador. Eso lo debe responder cada individuo por sí mismo o por sí misma. Los rayos ultravioleta creados artificialmente con una lámpara de vapor de mercurio afectarán a ciertos tejidos en el huevo de una gallina. Al cabo de una hora la clara del huevo se habrá coagulado. No habrá ninguna coagulación apreciable de los tejidos albuminosos del ojo, como los humores, después de una semana. La clara de huevo es coagulada por rayos ultravioleta por debajo de la región estimulante, desde 310 µµ a 265, esta última longitud de onda con el efecto más marcado. La presencia de ciertas sales, los cloruros de magnesio y de calcio, y el silicato de sodio, aunque son demasiado débiles para afectar a la transparencia del cristalino, producirán opacidad si son sujetos a rayos ultravioleta en esta región, provocando posiblemente cataratas. Cuando estas mismas sales se aplican a la piel tienden a acelerar las quemaduras del sol si los rayos ultravioleta están presentes; los rayos en este caso pueden ser incluso de longitud de onda más larga, como los de la región solar ultravioleta, el territorio del aura. En el pasado, la gente solía exponer al sol sus llagas, creyendo que se curaban. Algo bastante sensato, ya que los rayos ultravioleta más cortos del sol destruían los gérmenes. A las criaturas diminutas no les gustan los rayos ultravioleta, como se puede observar mirando el efecto de la luz del sol en los pequeños habitantes del agua del mar.

Los rayos azules penetran en el agua a una profundidad de unos 500 m, mientras que los ultravioleta alcanzan el doble de esa distancia. Ninguna radiación puede sondear más allá de 1.700 m. Los rayos necesarios para la vegetación no se extienden por encima de 600 m. El hecho de que la presencia de bacterias y de plancton aumente en invierno sugiere que incluso los rayos solares ultravioleta actúan como esterilizadores. El plancton es menos común en zonas soleadas que en zonas nebulosas.

TABLA
EL ESPECTRO VISIBLE Y EL TERRITORIO ULTRAVIOLETA

[1 milimicra, μμ,=10 angstroms = 1 millón de 1 mm.]

$\lambda = \mu\mu.$

30.000-800	Calor	
800-650	Rojo	
650-600	Naranja	
600-560	Amarillo	Los colores del espectro visible. Sin embargo, no hay límites exactos ya que los colores se van fusionando gradualmente.
560-530	Verde	
530-490	Azul	
490-450	Índigo	
450-400	Violeta	
400-340	Onda ultravioleta larga. Dañina para los ojos. Emitida por un arco eléctrico con polos de carbono. Transmitida por vidrio delgado.	Presentes en la luz blanca. Estimulantes.
340-300	Dañina para los ojos. Emitida por una lámpara de uviol. Transmitida por vidrio crown.	
300-220	Emitida por una lámpara de vapor de mercurio. Transmitida por vidrio de cuarzo.	Germicidas.
220-180	Transmitida por capas bastante densas de cuarzo cristalino o sal de gema.	
180-140	Transmitida posiblemente por espato de flúor. Absorbida por el aire.	
50-.0,01	Rayos X.	
0,01-0	Rayos gamma	

Los rayos del aura son supuestamente 400-300 μμ.

En el capítulo acerca del aura y su posible apariencia a ojos que no sean los nuestros, explicaré más experimentos que tratan los efectos de los rayos ultravioleta más largos en los animales.

Debemos recordar que la longitud de onda del rayo varía inversamente a su frecuencia. Hay rayos cuyas longitudes de onda son demasiado grandes para estimular la visión. También hay rayos cuyo índice de refracción es tal que nunca pueden llegar a la retina. El espectro visible es sólo una pequeña zona en el espectro completo. Hay también zonas que no han sido completamente exploradas; una entre el territorio infrarrojo y las ondas inalámbricas que son electromagnéticas, y otras entre nuestro propio territorio de caza, los ultravioleta y los rayos X que son mucho más cortos.

Los rayos X fueron descubiertos por Röntgen cuando cubrió un tubo completamente con papel negro y pasó una descarga eléctrica

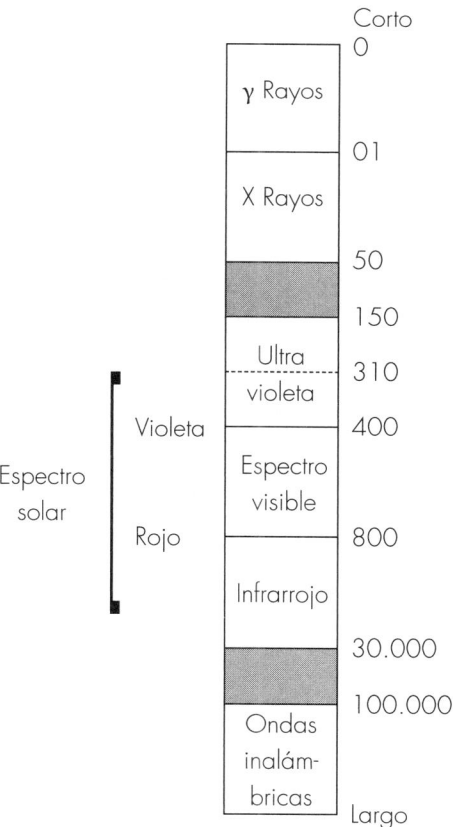

Espectro completo. Las cifras en el margen derecho indican las longitudes de onda correspondientes expresadas en millonésimas de milímetro.

a través de él; hizo que una pantalla fluorescente situada a unas cuantas yardas de distancia brillara intensamente, y los objetos colocados entre la pantalla y el tubo proyectaron sombras. De este modo, la radiación que venía del tubo no podía ser luz ultravioleta, ya que podía pasar a través del papel negro. Los rayos X no parecían estar reflejados ni refractados, pero se ha demostrado que difieren la luz normal visible sólo con respecto a la longitud de sus ondas. Las ondas acústicas reverberan en un ladrillo, pero la superficie de la pared es demasiado desigual para reflejar luz. Ésta es la razón por la que los rayos X no pueden ser reflejados. Incluso superficies reflejantes reconocidas como los espejos no son lo suficientemente lisas para esta finalidad.

Un espejo refleja las ondas de luz visible relativamente largas, pero la misma acción de pulir causa una aspereza demasiado grande como para permitir el reflejo de las diminutas ondas de los rayos X cuya longitud es alrededor de cinco diezmilésimas partes de la de la luz visible. Los rayos gamma de Rutherford emitidos por el elemento de madame Curie, el radio, son aún más cortos. Tienen una gran capacidad de penetración y no son desviados ni por imanes ni por la electricidad. Las ondas electromagnéticas inalámbricas, los rayos X y los rayos gamma, aunque difieren ampliamente en sus propiedades, son fundamentalmente diferentes sólo en la longitud de onda.

Para resumir:

Rayos α

1. Son emitidos por todas las sustancias radiactivas.
2. Son desviados a un grado relativamente pequeño en un campo magnético.
3. Tienen una capacidad de penetración limitada, siendo absorbidos por incluso una fina capa de materia.
4. Tienen una gran capacidad para ionizar un gas, haciéndolo conductor.

5. Tienen un pequeño efecto en placas fotográficas.
6. Producen fosforescencia en sulfuro de cinc.
7. Son grandes. Un ion α tiene una masa alrededor de dos veces de la de un ion de hidrógeno, y son tal vez átomos de helio descargados.
8. Los iones α tienen carga positiva.
9. Tienen una velocidad alrededor de una décima parte de la de la luz, que es de 299.337.984 kilómetros por segundo.

Rayos β

1. Son emitidos por casi todas las sustancias radiactivas.
2. Son desviados muy fácilmente en un campo magnético.
3. Son absorbidos por la materia, pero menos que los rayos α.
4. Capacidad de ionizar un gas relativamente pequeña.
5. Pueden causar la producción de fosforescencia, pero menos que en el caso de los rayos α.
6. Pobre efecto sobre placas fotográficas.
7. Masa alrededor de unas setecientas setenta veces la de un ion de hidrógeno.
8. Llevan carga negativa.
9. Misma velocidad que la luz.
10. Aparte de la velocidad, son muy similares a los rayos catódicos en tubo.

Rayos γ

1. Existen donde existan los rayos β.
2. Tienen una capacidad de penetración formidable.
3. Mucha menos capacidad para ionizar un gas.
4. No se ven afectados por los imanes.
5. Efecto considerable en placas fotográficas.
6. Son capaces de producir fosforescencia.

7. Parece haber impulsos establecidos en el éter por el impacto de los rayos β en la materia sólida.

Todo esto es bien sabido, yo simplemente lo presento en forma resumida para la comodidad de mis lectores.

Esta breve explicación tiene poco que ver con el aura, lo sé; pero confío en que pueda ayudar a dar una idea de la posición relativa de los rayos emitidos por el cuerpo humano con respecto al resto de rayos del espectro completo.

Capítulo 6

Imágenes fantasma y sensaciones visuales

Sin duda, todo el mundo ha intentado formar imágenes fantasma mirando fijamente un dibujo de la bandera del Reino Unido durante unos instantes y después transferir la imagen a una hoja de papel en blanco. La imagen fantasma de la bandera aparecerá en el papel, aunque a medida que se desvanece, los colores cambiarán con toda probabilidad.

Esta capacidad de trasladar una imagen fantasma de un objeto a otro fondo requiere algo esencial, un fondo. La imagen no puede ser reformada en el aire.

Intento demostrar que estos colores fantasma pueden ser transportados desde un objeto coloreado y ser reformados en el aura. Tales fantasmas aparecerán un poco delante y a los lados del cuerpo. ¿Cuál es el fondo en el que se están formando? Obviamente, no puede ser nada más que el aura.

He detectado que tales imágenes no aparecen en la neblina externa, sino sólo en el aura interna, lo cual confirma hasta cierto punto mi argumento de que la neblina externa no es material ya que está compuesta de rayos de longitud de onda ultravioleta, mientras que el aura interna puede ser sustancial, al menos en parte, tal vez conteniendo partículas que llevan una carga eléctrica.

El color del aura es siempre una sombra azul o gris. Quiero aclarar que estos colores fantasma son, por supuesto, completamente subjetivos; son ilusiones ópticas, por así decirlo, formadas en la retina y transferidas a otro lugar, en este caso, al aura, como una imagen en la retina que gradualmente se desvanece. El color visto no es formado por el aura, la cual no desempeña ningún otro papel en la formación que el de actuar como un fondo sólido.

Consideremos el ojo en sí mismo. Los extremos diminutos de las neuronas sensoriales yacen concentrados en la capa sensible de la retina. Cuando los rayos de luz caen sobre ellas tienen lugar ciertos cambios químicos.

Algunas de estas neuronas son conocidas como conos y son responsables de la visión clara para la interpretación del color. Otras son llamadas bastoncillos y sólo funcionan de noche o en luz tenue.

Estudiemos primero los conos:

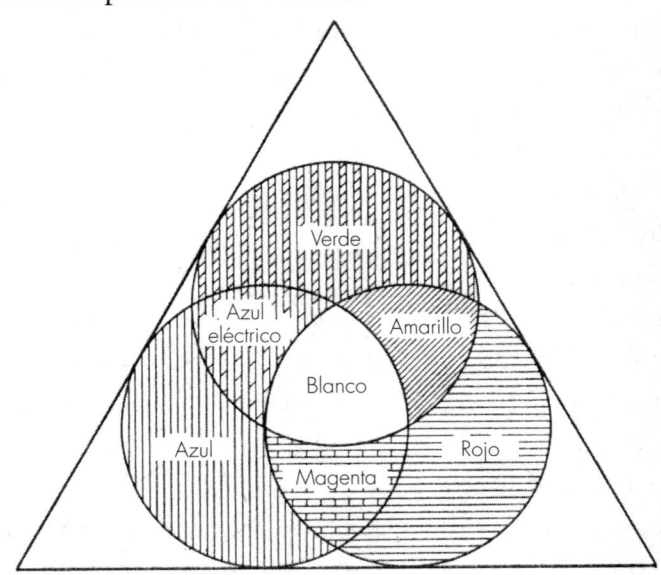

El triángulo de color.

Están situados en el centro de la retina, esa parte en la que se forma la imagen cuando se mira el objeto directamente. Funcionan con luz brillante artificial además de la luz del día, pero no por la noche.

Algunas de estas neuronas son sensibles al rojo, algunas al amarillo o al verde y algunas al azul. Los otros colores se forman por una mezcla de dos de cualquier tipo variando su proporción; supongamos, por ejemplo, que en un punto en concreto el verde y el azul están funcionando, entonces los colores vistos serán los azules verdosos. Ahora supongamos que las neuronas sensibles al rojo entran en juego gradualmente, el tono azul verdoso no cambia a naranja, se convierte en un azul verdoso más pálido, hasta que todas las neuronas rojas estén activas, cuando se obtiene la luz blanca.

En resumen: hay solamente tres colores básicos. El funcionamiento de dos de ellos en el mismo punto de la retina hace que se vean los tonos intermedios, pero los tres funcionando juntos producen luz blanca.

Imaginemos puntos de luz roja, azul y verde proyectados en una pantalla por tres lámparas separadas. Cuando los puntos se traslapan se obtienen los siguientes resultados:

Rojo + Verde + Azul → Blanco
Rojo + Verde → Amarillo ⎫
Azul + Rojo → Magenta ⎬ Colores complementarios del azul, el verde y el rojo, respectivamente
Verde + Azul → Azul eléctrico o de Prusia ⎭
Rojo + Azul de Prusia → Blanco
Verde + Magenta → Blanco
Azul + Amarillo → Blanco
El blanco atenuado se convierte en gris

Esto se demuestra mejor organizando los colores en forma de triángulo como puede verse en el diagrama; los tres ángulos son representados por los tres colores básicos: rojo, verde y azul. Estos colores se entremezclan a lo largo de los lados del triángulo, de este modo:

el lado rojo-verde mostrará el amarillo
el lado verde-azul mostrará el azul de Prusia
el lado rojo-azul mostrará el magenta
el espacio en medio del triángulo será blanco.

A partir de aquí se puede ver que, cuando los colores básicos de cualquiera de los tres ángulos se mezclan con el color complementario de su lado opuesto, se obtiene luz blanca. Esto es lo que realmente se esperaría ya que el color complementario en cuestión contiene los dos colores básicos que no incluyen al representado en el ángulo opuesto. De este modo, estamos usando los tres colores y, naturalmente, el resultado es el blanco.

Sin duda, podemos recordar haber pintado cuando éramos niños los colores del arcoíris en un círculo de cartulina y haberlo hecho girar sobre un alfiler central en forma de peonza. Los anillos volantes de color entremezclados formaban el blanco, o por lo menos, el gris.

A la inversa, la luz blanca se divide en los colores del espectro al pasar a través de un prisma de vidrio.

Las neuronas, cuya estimulación resulta en nuestra apreciación de los colores rojo, verde y azul, respectivamente, están situadas en el centro de la retina, la fóvea central.

No estoy sugiriendo que cada ojo tiene el mismo número de neuronas de cada color. El color que yo llamo «canario», por ejemplo, puede aparecerse ante una persona que tiene preponderancia a las neuronas sensibles al verde como un amarillo más verdoso. Esta persona, obviamente, pensará en este amarillo más verdoso con el nombre de «amarillo canario», ya que es el nombre del tono en concreto, como se le ha aparecido a él, del que siempre ha oído hablar como canario.

Del mismo modo, el hombre que posee una mayor parte de neuronas sensibles al rojo verá también un tono distinto del canario. De este modo, si el hombre sensible al verde pudiera ver el color canario con los ojos del hombre sensible al rojo, sin duda lo llamaría de otro modo.

Los colores, por lo tanto, pueden aparecer ligeramente diferentes ante cada uno de nosotros. A partir de este hecho se puede entender que si estimuláramos un solo juego de estas neuronas, por ejemplo el sensible al azul, el ojo lo vería todo de ese color.

Por otro lado, supongamos que un grupo, por ejemplo el verde, se ha agotado por una extrema fatiga. El resultado sería una ceguera temporal de ese color y los colores resultantes que lo contienen. El azul y el rojo funcionarán para que todos los colores que contienen azul o rojo sean vistos, aunque sus tonos respectivos serán un tanto modificados debido a la ausencia de la influencia del verde.

Si dos grupos estuvieran completamente inactivos a la vez durante un tiempo, se daría una visión monocromática o de un solo color, hasta que los otros dos grupos se hubieran recuperado. Éste debe de ser el caso, ya que no habría otro color que atenuar a un grado ni superior ni inferior al que queda.

Tengo ante mí el nombre en color de una marca de mostaza; un tarro que contiene una mostaza muy amarilla. La estoy mirando fijamente. Esto fatigará las neuronas del cono de mi retina, cuya estimulación me capacita para apreciar el color amarillo. Ahora he dirigido mi mirada a un pedazo de papel en blanco. Aparece el tarro de mostaza, pero la mostaza es azul. Ahora las neuronas rojas están convirtiendo la mostaza de color azul a púrpura, después a un tono más pálido, el color de una ciruela no muy madura. Ahora el fantasma se ha desvanecido. Como las neuronas (cuya estimulación es responsable de producir el color amarillo) no entraban en juego, no se podía ver ningún color amarillo al principio, aunque gradualmente ejercieran su influencia a medida que las neuronas se recuperaban.

Obviamente, si las conclusiones obtenidas por experimentos de esta naturaleza tienen algún valor, el fondo en el cual se estimula a aparecer a la imagen fantasma debe ser blanco. Un fondo de color tintaría los tonos que aparecen en el fantasma. Quiero remarcar de nuevo que tales fantasmas y colores fantasma son completamente subjetivos. Se originan a partir de los propios ojos del observador y no tienen nada que ver con el objeto en el cual se están formando, siendo este objeto nada más que un fondo.

Antes de abandonar la cuestión del color es necesario, tal vez, diferenciar entre luz de color y pigmentos. Las mezclas de los tres colores básicos producen luz blanca. La luz azul más el amarillo (que es una mezcla de los otros dos colores básicos, verde y rojo), producen luz blanca. La luz es blanca antes de que se divida en sus colores por un prisma. Aun así, los artistas pueden decir: «Cuando mezclamos pintura azul y amarilla obtenemos verde, no blanco. ¿Por qué sucede esto?».

Los colores de los pigmentos y de los cuerpos en la naturaleza surgen debido al hecho de que la mayor parte de la luz blanca que cae sobre ellos penetra a una cierta distancia, con el resultado de que algunos de sus rayos constituyentes son absorbidos antes de que tenga lugar el reflejo. De este modo se puede ver que los pigmentos amarillos parecen de ese color porque, cuando la luz blanca cae sobre ellos, el azul y el violeta son absorbidos, mientras que el verde, el amarillo y el rojo son reflejados. La mayoría de amarillos en la naturaleza no son puros, y reflejan verde y rojo además de amarillo. Los pigmentos azules parecen azules porque absorben el amarillo y el rojo. Los azules, tal y como ocurre en la naturaleza, no son siempre muy puros y, entonces, reflejan verde además de azul. Cuando los pigmentos azul y amarillo se mezclan, la mezcla absorbe todos los colores que son absorbidos por cualquiera de sus componentes, es decir, azul, violeta, amarillo y rojo; el único color que queda para reflejarse permanece verde. Por lo tanto, la mezcla de pigmentos azules y amarillos parece verde. Cuando se hace una mezcla de pigmentos, obtenemos sólo aquellos colores que ninguno de los componentes absorbe. Esto no se aplica a la mezcla de luces de color.

Todavía hay partes de la retina de las que tratar que son sensibilizadas con neuronas de una naturaleza más elemental; los bastoncillos.

Posiblemente en el pasado los ojos eran sensibilizados enteramente por bastoncillos antes de que los conos se desarrollaran. Los bastoncillos están situados más allá del centro de la retina, para que no entren en juego por la visión absolutamente directa. El límite entre los conos y los bastoncillos no es estricto; hay una zona donde se encuentra una mezcla de los dos tipos de neuronas. La región periférica consiste casi completamente de bastoncillos. A medida que nos acercamos a esta región la proporción de conos no sólo disminuye, sino que su estructura se vuelve similar a la de los bastoncillos. Los bastoncillos funcionan por la noche o en una luz demasiado tenue como para causar la estimulación de los conos.

No podemos reconocer colores con los bastoncillos. Cuando sólo ellos están siendo usados todo se ve azul grisáceo.

Todos los rayos de longitud de onda normalmente visible parecen azul grisáceo, sea cual sea el color que les parecería a los conos, todos excepto el rojo. Los rayos rojos, y los rayos de longitud de onda más larga que los que producen rojo, no tienen ningún efecto sobre los bastoncillos.

Creo que los bastoncillos, en una luz apropiada, son capaces de recibir rayos cuya longitud de onda es ligeramente más corta que la producida por el violeta y de transformarlos en luz visible.

Los objetos azul grisáceo vistos por los bastoncillos no deben confundirse de ningún modo con las imágenes fantasma. No hay nada subjetivo sobre los anteriores.

En mi opinión, vemos el aura emitida por el cuerpo con los bastoncillos, o principalmente con los bastoncillos.

El aura es siempre gris o azul. Nunca es visible bajo una luz fuerte. No es visible a plena luz del día.

Aunque esta cuestión nunca ha sido expresada, a menudo me he preguntado si Kilner había hecho el mismo descubrimiento, si es que en verdad es un descubrimiento, pero sin darse cuenta de lo que lo causaba, aunque debemos recordar que Kilner hizo sus experimentos hace más de veinte años.

Él aconseja que nunca forcemos los ojos mirando fijamente el contorno de un cuerpo. Como los bastoncillos se encuentran a un lado de la parte central de la retina que está solamente recubierta por conos y que recibe la imagen directa del objeto que se está viendo, sería claramente una ventaja mirar al objeto, si no por el rabillo del ojo, al menos no mirarlo fija e intensamente. Esto puede comprobarse fácilmente. Escojamos un pequeño objeto como una de las estrellas más tenues por la noche, y mirémoslo intensamente. Después miremos justo a su lado. La veremos mucho más fácilmente en el último caso.

Kilner también sostiene que el aura no siempre aparece de inmediato. Los bastoncillos funcionan más lentamente que los conos, sobre todo cuando han sido fatigados por la presencia de una luz brillante. Cuando salimos a la oscuridad después de estar en una habitación intensamente iluminada, al principio no podemos ver nada. La razón es que los conos no estarán estimulados por la luz tenue, y los bastoncillos, que han sido agotados por la intensa, se recuperan pero lentamente.

Si la luz es intensa los músculos del iris habrán contraído la pupila del ojo hasta que es demasiado pequeña para que los rayos de luz alcancen esa parte de la retina donde se sitúan los bastoncillos. Sólo bajo una luz tenue la pupila se extiende lo suficiente para que los bastoncillos entren en juego.

Si miramos intensamente cualquier objeto en concreto, su imagen caerá en la fóvea central, el centro de la retina, que aquí es más fino por el hecho de que todas las capas excepto la más externa han desaparecido gradualmente.

En la fóvea central todos los bastoncillos han desparecido para que esté cubierta no sólo por conos, sino por conos más grandes de los que se encuentran en cualquier otra parte de la retina.

A medida que pasamos de esta parte central a la periferia de la retina, encontraremos que la proporción de conos disminuye mientras que la de bastoncillos aumenta hasta que, finalmente, llegamos a esa parte que yace a una pequeña distancia detrás de los músculos ciliares que tiran de la parte trasera del cristalino para alterar su convexidad. Aquí sólo se encuentran bastoncillos.

La fóvea central no mide más de 1,5 mm de diámetro, lo cual representa un ángulo visual de seis grados como mucho. Sólo entre este ángulo es posible una visión realmente clara en cualquier momento en particular. Las sensaciones que son provocadas por la estimulación de la parte más marginal de la retina estarán menos definidas que las provocadas por la imagen en la fóvea.

Como la fóvea contiene muchísimos más conos que bastoncillos, la imagen del aura ultravioleta nunca se formará en este punto central y nunca entrará en el ángulo de visión directa.

Los bastoncillos segregan un fluido llamado púrpura visual o rodopsina. Si mantenemos una rana en la oscuridad antes de matarla, notaremos al quitarle el ojo que su retina será de un color púrpura, siempre y cuando la disección se lleve a cabo bajo una luz tenue. Este color se encontrará en la inspección bajo el microscopio para limitarlo sólo a los bastoncillos. Observaremos también que desaparece muy pronto al exponerse a la luz del día. Cualquier luz intensa, de hecho, lo blanquea.

Es posible que la rodopsina capacite a los bastoncillos para ver rayos de longitud de onda ultravioleta. Mediante ella se pueden sacar fotos en la retina de un ojo que ha sido extirpado, aunque, por supuesto, la imagen estaría invertida ya que el ojo ya no está conectado al cerebro.

En el ojo humano hay unos tres millones de conos, en contraste con los dieciocho millones de bastoncillos.

Schultz sostuvo hace muchos años que en la retina de animales como el búho o el gato los bastoncillos son mucho más numerosos que los conos, que están más o menos ausentes. Como los bastoncillos no se ven afectados por los rayos rojos y son probablemente estimulados por los ultravioleta, el aura emitida por un ratón vivo, como la del hombre, consta principalmente de rayos ultravioleta y no infrarrojos. Es difícil descubrir exactamente dónde yacen estos rayos ultravioleta en el espectro solar, supuestamente en la cercana región ultravioleta. El profesor Meldola examinó con un prisma la luz emitida por un gusano de luz y detectó que pertenecía a una zona bastante estrecha en medio del espectro visible, y que no contenía rayos rojos en absoluto. El profesor Young, de América, examinó la luz de una luciérnaga americana y llegó a la conclusión de que los rayos que emitía estaban situados entre el extremo de los rojos y la mitad de los azules. Muy bien escogidos por parte de la luciérnaga, si puedo decir esto. Mucha luz visible, pero muy poca energía consumida.

Suponiendo que nuestra aura yace en los cercanos ultravioleta, veamos cómo se verá afectada la retina. Como el aura no se puede ver bajo una luz intensa, no puede ser vista por los conos. Su luz no es lo suficientemente intensa como para estimularlos. Ya he señalado que el aura se vuelve más obvia si se ve por la parte de la retina situada fuera de la fóvea central y que parece desvanecerse si se mira fijamente, es decir, no puede ser vista por los conos de la fóvea central. Repitiendo mi teoría de que el aura es percibida por los bastoncillos, aquí hay pruebas que lo corroboran, ya que los bastoncillos serían agotados por una luz intensa. Pueden apreciar esta emisión que no estimula los conos. En lo que respecta a los bastoncillos, el espectro visible parece no coincidir exactamente con el de los conos. Aunque los bastoncillos lo ven todo de color gris azulado, sólo pueden recoger estos rayos en el ultravioleta cercano.

Capítulo 7

Colores complementarios

Es difícil ignorar esta parte del problema por completo. Otros investigadores han dado mucho valor a la ayuda obtenida al ver el aura a través del uso de los colores complementarios. Quiero decir desde el principio que no doy mucho valor a esto o a ninguna otra ayuda que sea de una naturaleza puramente subjetiva, y ésta lo es.

Veamos una apreciación muy breve de la teoría: estamos de acuerdo en que mirar por un largo tiempo un color en concreto causa fatiga en las terminaciones nerviosas que son sensibles a ese color. El resultado de este acto es la ceguera temporal. Similarmente otros tonos que incluyan ese color serán afectados. De este modo el púrpura aparecerá azul al ojo ciego del rojo, y al ciego del azul le parecerá rojo, ya que el púrpura, al ser color complementario del verde, está formado completamente por azul y rojo. Unas bandas de papel o talco hechas de los diferentes colores requeridos nos ayudarán a provocar el efecto deseado.

Supongamos que miramos al rojo, o a través de una banda de papel rojo, y después transferimos nuestra mirada a una pantalla blanca sobre la cual se lanzan rayos de luz púrpura. El resultado debería ser que la luz púrpura aparecería por lo menos como un púrpura azulado, si no como azul puro.

Mientras el ojo es temporalmente ciego a uno de los tres colores básicos, es hipersensible a los otros dos. También los tonos de los otros dos en una mezcla se distinguen con mayor claridad. Si miramos a través de una banda amarilla, como el amarillo es el color complementario del azul (siendo una mezcla del verde y el rojo), todos los nervios de los colores están fatigados excepto los azules. De este modo, el ojo se vuelve hipersensible por el momento al azul, y también, al violeta que es ultraazul.

En la gente joven el violeta puede ser un color básico; es decir, uno de los tres colores producidos por una acción química en las neuronas de la retina. Estos colores primarios con toda probabilidad empezarán siendo violeta, verde y rojo. En años posteriores pueden haber cambiado a azul, amarillo y rojo. Los míos todavía podrían llamarse violeta, verde y rojo. El primer cambio es normalmente del violeta al azul, después el verde tiende a volver al amarillo. El rojo no varía.

En consecuencia, también cambiarán los tonos de los colores complementarios. Como ya hemos visto, el color que una persona llama «canario» puede no ser el mismo color que así designa otra persona. A medida que uno se va haciendo mayor, el color canario se obtendrá usando diferentes proporciones de verde y rojo, hasta que finalmente el canario se convierte casi en uno de los colores primarios.

Hemos llegado a las siguientes deducciones:

1. El dicyanin sensibiliza.
2. Las tiras de papel amarillo eliminan el rojo y los verdes, haciendo de este modo el ojo especialmente sensible al azul.

Estas dos afirmaciones deberían mantenerse bastante separadas. La segunda es un efecto meramente subjetivo, y por lo tanto de mucha menos importancia. Sin embargo, no debe ser ignorada. A menudo se ha obtenido mucha ayuda cuando se inspecciona el aura, especialmente en casos patológicos; por ejemplo, cuando debido a algún trastorno como la enfermedad de un órgano aparece un parche en el aura. Quizás el parche será muy débil, poco más que una sospecha como la que podría resultar de una iluminación imperfecta o de una sombra más oscura que se proyecta en un lado del sujeto más que en el otro. Si el sujeto se gira, y el parche se mueve también, entonces claramente no hay duda y se debe recurrir a todos los dispositivos con el fin de esclarecerlo. Puede llevarnos al diagnóstico de una enfermedad hasta ahora insospechada.

Quiero decir otra vez que el color del aura es siempre de algún tono azul grisáceo, pero con la ayuda de estas bandas de color a veces un parche en el aura se muestra más claramente. Sé que algunos dirán que, como tales efectos son de una naturaleza meramente subjetiva, ya no tratamos más con emisiones genuinas del cuerpo del sujeto bajo inspección, sino con imágenes fantasma creadas en nuestro propio ojo. Cierto, pero estas imágenes no pueden ser formadas sin un fondo y aquí el fondo es obviamente el aura.

Si un órgano en concreto está enfermo no emitirá un aura de la misma intensidad que la emitida por el resto del cuerpo. Aunque esto debe ser difícil de localizar con certeza en muchos casos, el uso de bandas de colores complementarios y sus imágenes fantasma pueden ser de gran ayuda, pues habrá necesariamente un espacio vacío en un fantasma donde falta el aura. Si aparece tal espacio vacío, o parche y, después de habernos convencido de que no se debe a ningún efecto de la iluminación aún persiste, esto indica sin lugar a dudas que algo está mal. El aura es una cosa bastante estable y es emitida, bajo condiciones normales, con más o menos igual intensidad por todo el cuerpo. Si, por lo tanto, alguna parte falla en emitir un aura debe haber una causa para tal fracaso. A menudo encontramos parches más intensos, debido al embarazo, por ejemplo; pero muy raramente más apagados, a no ser que algo vaya mal.

Es en el diagnóstico de la enfermedad que estas bandas de colores complementarios nos ayudan a sospechar de algo mayor.

En cuanto a la cuestión en referencia a cuál de estas bandas de colores complementarios es más útil, sin duda, la respuesta es que la mayor parte de ayuda será suministrada por la banda amarilla, siendo el amarillo el color complementario del azul; el color del aura es siempre azul grisáceo, bien porque la vemos con los bastoncillos o porque estamos viendo algún color de longitud de onda más corta que el violeta. También, como estamos esforzándonos en estudiar los ultravioleta queremos eliminar los rojos y los verdes, la mezcla de los cuales es el amarillo. Usando esta banda amarilla fatigamos nuestros ojos al amarillo, es decir al rojo y al verde. El azul, como resultado, es el que se ve más fácilmente. El dicyanin es azul, pero la tintura en un sensibilizador. Nos capacita para ver el aura, que es un hecho objetivo, mientras que las imágenes fantasma causadas por la fatiga son meramente subjetivas.

El tono natural del amarillo requerido por un ojo en concreto debe ser una cuestión para el individuo. Esto debe depender hasta cierto punto del tono exacto del color primario producido por la estimulación de los nervios sensibles al azul. Éstos, tal y como se ha señalado, variarán ligeramente con la edad.

Suponiendo que los tres colores básicos son el rojo, el verde y el violeta azulado, entonces los siguientes serían tintes complementarios. Los llamo tintes ya que son puramente colores por mezcla.

Escarlata (color primario)	→	Azul eléctrico
Verde (color primario)	→	Magenta
Violeta azulado (color primario)	→	Amarillo
Violeta (púrpura)	→	Amarillo pálido
Carmesí	→	Verde jarde
Naranja	→	Azul celeste

Esto, al menos, dará una idea de lo que se entiende por color complementario. Los dos complementos juntos forman el blanco, es decir, azul + verde + rojo. El blanco está formado por todos los colores primarios, así que no requiere un complemento. Podemos considerar el negro como el complemento del blanco, del mismo modo que un ángulo de 0º es el complementario de un ángulo recto.

Los artistas nos dirán por su experiencia qué colores contrastan o se mezclan con cuáles. El estudio del ojo y los colores complementarios también nos dará la respuesta. El negro y el blanco son un contraste obvio. Así también lo son el azul y el amarillo o, del mismo modo, cualquier otra pareja de colores complementarios.

Intentémoslo. Tomemos un tono poco conocido como el malva pálido o lila. Encontramos una dificultad, ya que tal vez alguien no estará de acuerdo en que el malva pálido se parece al lila. Refirámonos a este color como el producido cuando una sal de potasio se coloca al borde de la llama de un mechero Bunsen. Nuestro color se encuentra en algún lugar entre los colores primarios, rojo y azul. Es magenta claro, pero más cercano al azul. Su complemento, por lo tanto, sería el verde oscuro o verde botella, con un indicio de amarillo. El azul cielo, que para mí es más claro y no tan verde como el turquesa, será el complemento de un amarillo muy oscuro, tendiendo más al rojo que al verde, es decir, marrón.

Capítulo 8

La neblina externa y el sexo

He mencionado en el primer capítulo que las mujeres son mejores sujetos para el estudio del aura que los hombres o los niños.

He detectado, y creo que otros autores estarán de acuerdo conmigo, que la luz que rodea a un niño es más compacta que la neblina descrita como el aura común, la cual desde el punto de vista del investigador puede ser calificada como la de una mujer adulta sana de intelecto común.

En el caso del niño, de cualquiera de los sexos, el aura interna es como la descrita. Es en la neblina externa donde existe la diferencia.

Mientras que la neblina exterior de la mujer se extiende durante una distancia más allá del aura interna más intensa, desvaneciéndose finalmente en su margen distal, la de un niño es quizás más intensa, aunque apreciablemente menos brillante que el aura interna, y el borde más lejano es más claro. La anchura de la neblina es alrededor del doble del aura interna; es decir, se extiende a una distancia similar más allá de ella, cada parte siendo de unos ocho centímetros de ancho. Es de menor interés que la neblina emitida por una mujer, no sólo porque es más estrecha, sino también porque los

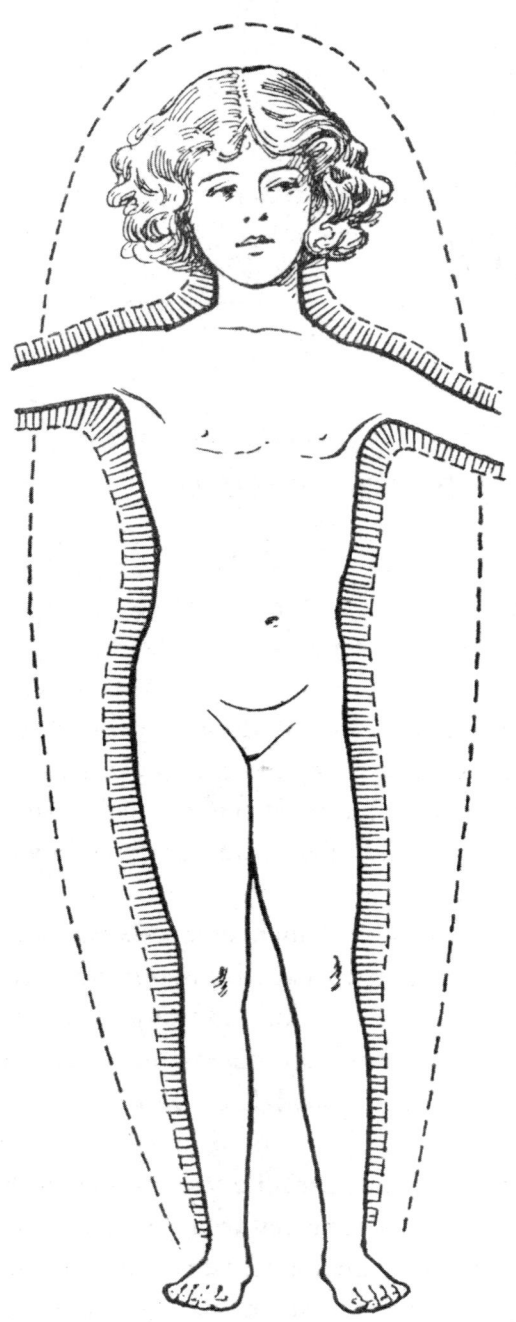

Niña que muestra una neblina externa estrecha.

efectos de fuerzas externas en ella son mucho menos marcados. Es también menos sensible a registrar cambios internos, tanto naturales como patológicos.

Consideremos el cambio del tipo de neblina juvenil al de adulto. En el caso del hombre el cambio es pequeño, pero con las mujeres la alteración es gradual, tal como lo es el cambio de la figura infantil a las curvas más completas y maduras. La etapa de transición en cada caso ocupa varios años. Tal vez exista esta diferencia: el aura no empieza a cambiar como norma general antes de la pubertad, raramente antes de los catorce años. La neblina completamente extendida del adulto no se suele detectar antes de los diecinueve años. Por supuesto hay excepciones, muchas, pero este hecho sugiere que hay una conexión entre la pubertad y la alteración en la forma del aura, y también que si hay alguna conexión, la pubertad parecería ser la causa y el aura transicional el efecto.

El aura puede ser usada para ayudar a establecer el diagnóstico de una enfermedad, pero la enfermedad debe producirse primero y el registro después. En muchos casos, sin embargo, la enfermedad puede existir desde hace tiempo e incluso estar profundamente arraigada antes de que se haga evidente. Es fácil imaginar casos en que los síntomas hayan llevado a un diagnóstico erróneo. Un examen del aura puede resultar muy útil. Del mismo modo que los estados de salud causan que el aura cambie de forma, textura y color, también los cambios naturales, digamos metamorfosis, dejarán sentir su influencia: la pubertad, la menstruación o el embarazo, por mencionar algunos de los más obvios. Poco después de la llegada de la pubertad la neblina externa empieza a extender su margen distal como hemos dicho, volviéndose más débil y tomando una forma menos definida. Poco antes de que un período menstrual finalice la neblina puede volverse más brillante en la zona de las glándulas mamarias y, posiblemente, delante de la garganta. Para apreciar estas señales, que no son muy obvias, el sujeto debería ser observado de perfil en lugar de estar de cara al observador.

Esta especie de cambios sutiles pueden ser notados más o menos un día antes de que el período menstrual aparezca; deberíamos recordar que el cambio empieza en los órganos sexuales mucho antes de que se haga obvio; aun así, el cambio en el aura es el efecto y no la causa. El aura es una señal externa sólo física y bastante poco romántica de una causa interna, no una señal espiritual ni mística.

El embarazo también deja su huella, y aquí creo que esa rama apartada de la investigación científica puede probar su valía.

Como se podría esperar, es la neblina externa la que se ve principalmente afectada. Los órganos sexuales, volviendo a la lombriz de tierra, yacen en el espacio entre la piel y el tracto digestivo, y estamos suponiendo que la neblina tiene su origen en el mesodermo y en el ectodermo. Una pregunta con la que los doctores se enfrentan a menudo es: «¿Estoy embarazada?». Una mujer tiene una falta tal vez de sólo unos días.

Ésta es una pregunta difícil de contestar. El estado del aura puede ser de ayuda. (1) Sobre las glándulas mamarias, con toda probabilidad, la neblina será más ancha además de más profunda; creo que más profunda describe su apariencia mejor que más intensa. Un estado similar se esperaría si hubiera un retraso en la menstruación, pero en este caso debería llegar en un par de días. (2) Un ensanchamiento del aura, no demasiado grande al principio, pero sin embargo perceptible, delante de la zona que va desde el ombligo hasta el pubis. Con el transcurso del tiempo, este acontecimiento será más marcado y, a medida que se acerca el momento del parto, el aura interna parecerá más ancha, más rayada e intensa, debido sin duda a la creación del aura del bebé. En el único caso con el que me he encontrado donde se sospechaba que la criatura no nacida estaba muerta, este cambio en el aura interna estaba ausente, excepto por la estriación adicional. La sospecha se confirmó más tarde. Sin embargo, un caso no es suficiente como para sacar conclusiones. No soy médico, así que mis oportunidades de inspeccionar tales casos son muy pocas. Un hecho que se aplica igualmente a los casos patológicos. Los modelos de artistas tienen una buena constitución, están sanos e invariablemente poseen auras sanas que, por norma general, no presentan ningún rasgo de interés.

Una ligera disminución en la claridad del aura en general a menudo acompaña al embarazo en las primeras fases, supuestamente debido a su efecto un tanto inquietante en la salud general del sujeto. Este fenómeno, sin embargo, no persiste a medida que el estado de embarazo avanza. Ciertas acciones reflejas de los órganos sexuales tienen su origen en la zona lumbar o sacra de la médula espinal. Kilner menciona un parche oscuro en el aura de una mujer sana en esta zona cuando se ve de perfil. Él alega que la desaparición de este parche es un argumento adicional a favor del diagnóstico del embarazo. Creo que el parche que he notado, por supuesto, sobre esa zona puede originarse por la atracción lateral de los rayos debido al arco de la espalda; al hecho de que es cóncavo, y el aura emitida por él, en vez de extenderse directamente desde el cuerpo en ángulos rectos, se inclina para ser atraída tanto hacia arriba como hacia abajo, dejando una especie de vacío en este lugar. El parche es más obvio en el aura interna que en la neblina más allá de ella, y su tendencia a desaparecer en el embarazo se deba posiblemente al relleno del hueco, ya que la membrana mucosa uterina se hincha rápidamente en las mujeres embarazadas, alcanzando un grosor de medio centímetro en una quincena. Obviamente, un aumento muy ligero de presión interna marcará una diferencia en la concavidad de la parte baja de la espalda. Si mi teoría del origen del aura es correcta, el cambio debería ser registrado en la neblina externa más que en el aura interna material, ya que esta última tiene su origen en el endodermo.

Atribuyo el ligero efecto notado en la neblina externa a una influencia nerviosa en esta parte de la columna vertebral. Goltz cita un experimento en el caso de una perra cuya espina había sido dividida en la zona torácica un año antes. El animal se puso en celo, lo cual podemos considerar sinónimo de la menstruación, en el mo-

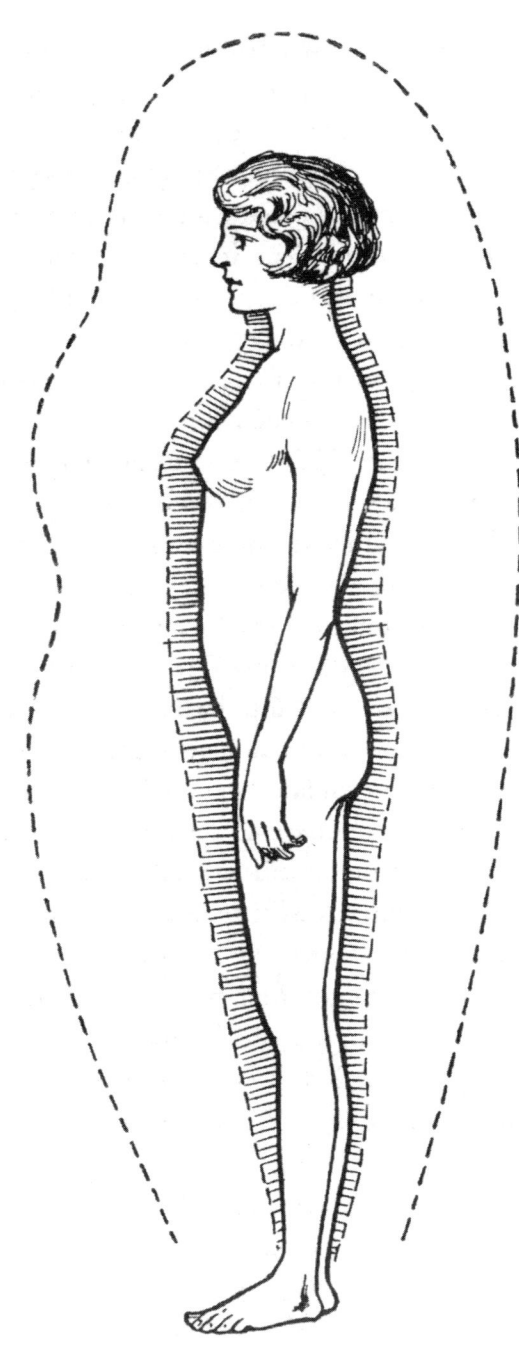

Aura de una mujer embarazada.

mento adecuado y también se quedó embarazada. Por otro lado, si la espina se destruye en la zona lumbosacra toda acción refleja del útero es impedida. Está claro que esta parte de la espina es el centro de control de algunas de las funciones sexuales, y puede fácilmente ser responsable del ligero cambio que a veces, no siempre, ocurre en la neblina externa en casos de embarazo.

He detectado en el ensanchamiento de la neblina emitida por las glándulas mamarias el indicativo más seguro de embarazo en sus primeras fases. Este ensanchamiento parece indicar la falta de una menstruación normal. Sin embargo, no creo que uno pueda diagnosticar un embarazo con ningún grado de certeza en los primeros días.

El crecimiento de las glándulas mamarias durante el embarazo se debe en gran parte a la acción hormonal establecida en el ovario, y más tarde en el bebé. Algún principio de acción en estas glándulas puede tener lugar incluso con la menstruación, ya que el cuerpo lúteo, que es el tejido que el ovario produce cuando despide el óvulo, y las glándulas lácteas están interconectadas. Incluso el intercambio sexual puede tener alguna ligera influencia en los pechos, pero no dura mucho. Menciono esto para ilustrar la dificultad experimentada al determinar si un embarazo ha tenido lugar o no.

Después de quince días las principales dificultades habrán desaparecido, ya que para entonces las glándulas mamarias habrán recuperado su estado normal a no ser que sean estimuladas por una glándula en la pared del útero, que no habría aparecido hasta que hubieran transcurrido quince días.

Capítulo 9

La neblina externa y el sistema nervioso

He mencionado en un capítulo anterior que la neblina externa varía en color del gris pálido al azul fuerte. Cuanto mayor es el intelecto del sujeto más azul es la neblina. Nunca he visto ningún otro color en los humanos que éstos, excepto en casos patológicos cuando a veces aparecen los parches oscuros.

En el caso de un hombre de color el aura no es, tal vez, de un gris real. Hay decididamente un matiz parduzco en ella. La textura es también mucho más gruesa que la del aura de un europeo.

La textura varía de forma considerable, posiblemente esto pueda ser hereditario. No he sido capaz de estudiar un número suficiente de auras de miembros de la misma familia como para formarme una opinión que tenga un valor real. Sin embargo, he notado una marcada similitud entre la textura de las neblinas de personas que están relacionadas entre sí. Profundizaré en la conexión entre la textura y la herencia más adelante.

Es sólo razonable suponer que la neblina externa en el caso de los animales existiría a un nivel de desarrollo mucho más bajo que la del hombre. Como, hasta cierto punto, la intensidad parece registrar el intelecto, y la forma está bajo control del sistema nervioso, no esperaríamos que la neblina externa fuera tan prominente como lo es en nuestro caso. Tal vez por eso no he sido capaz de usar animales como sujetos con ningún grado de éxito hasta ahora. Tampoco sería sorprendente si sus neblinas resultaran ser de un color más oscuro.

Soy incapaz, sin embargo, de explicar mi incapacidad de ver algún tipo de aura interna. Puede ser por supuesto más estrecha que la nuestra, pero en animales como el gato doméstico debería haber esperado que fuera considerable. Se ha sugerido que puede ser que tenga longitud de onda infrarroja. Posiblemente sea eso, pero es difícil creer que ninguna aura tenga una longitud de onda de luz visible. ¿Por qué algunas deberían ser demasiado largas de ver y otras demasiado cortas? ¿Algunas serían visibles al ojo normal?

Consideremos un par de cuestiones con respecto a la forma de la neblina externa. En cualquier lugar donde ha sido examinado un sujeto que disfruta de buena salud, el aura interna ha sido intensa y la neblina más allá de ella ha sido simétrica; siendo la forma general, especialmente en las mujeres, abruptamente oval. Literalmente en forma de huevo, siendo la cabeza el extremo redondo donde la neblina externa es bastante ancha, ensanchándose aún más lejos hasta la cintura y después afinándose no demasiado fácilmente hacia los pies.

Las auras externas que se desprenden repentinamente en la zona del fémur pertenecen casi sin excepción a personas que sufren alguna afección nerviosa, o que al menos tienen esa tendencia.

Cuando se ve de costado, la neblina externa emitida por la cara dorsal, es decir, en la zona de la columna aunque sin seguir la curva de la cintura por encima de las nalgas como lo hace el aura interna, no debería abultarse hacia afuera. Tanto si el sujeto tiene una espalda redondeada como no, la neblina externa no debería serlo ya que tal forma indica una tendencia a la histeria.

Las personas con una tendencia neurótica casi siempre tienen una neblina pobre más allá de su aura interna. No es necesario que sea particularmente gris, sino estrecha y débil. Por lo general, el aura interna también carece de brillo. La apariencia total puede describirse, como los sujetos en sí mismos, como deslucida. «Indefinida» puede ser una palabra mejor. La diferenciación entre las dos partes del aura es indefinida. El margen distal es también indefinido. Por supuesto, la neblina se desvanece gradualmente en el caso del aura más sana, pero hay una diferencia muy grande. En el último caso la neblina es ancha y parece que casi brilla; en el caso anterior es estrecha, débil y ¡simplemente deslucida! Sugiere todo lo contrario a una salud vigorosa.

Creo que puedo decir que la neblina externa casi siempre se extiende más allá en la cara dorsal que en la ventral, excepto quizás en casos de embarazo cuando, como he mencionado, una neblina más ancha puede ser vista en la zona del abdomen, especialmente a medida que la hora del alumbramiento se acerca. En circunstancias normales la neblina es más ancha en la cara dorsal; la razón presumiblemente es que una de las fuentes de origen es la médula espinal.

En un caso en el que la médula había sido dañada causando parálisis en ambas piernas, el aura emitida por debajo del punto de la lesión era insignificante.

Otro caso, sin embargo, en el que un chico de poco más de veinte años había sufrido daños en el cerebro por un disparo en la sien izquierda, aunque su brazo derecho era inútil, estaba rodeado de una neblina, pobre, es cierto, sin embargo la neblina era emitida. Tal vez desaparecerá gradualmente, ya que uno no podría con certeza mantener ninguna esperanza de que el brazo recobrara su uso, ya que la lesión se produjo en el cerebro.

No conozco detalles de la lesión, ni sé exactamente qué operación se llevó a cabo ya que no tuve oportunidad de preguntar. Conocía al joven bastante bien, de hecho, había estado en su casa, pero como me había invitado a jugar al críquet no vi justificable sacar el tema, sin duda doloroso para él, aunque debo admitir que me habría gustado saber más sobre el caso. No me encuentro con tales situaciones muy a menudo y, a no ser que tengamos un total conocimiento de la operación realizada, la importancia que podemos

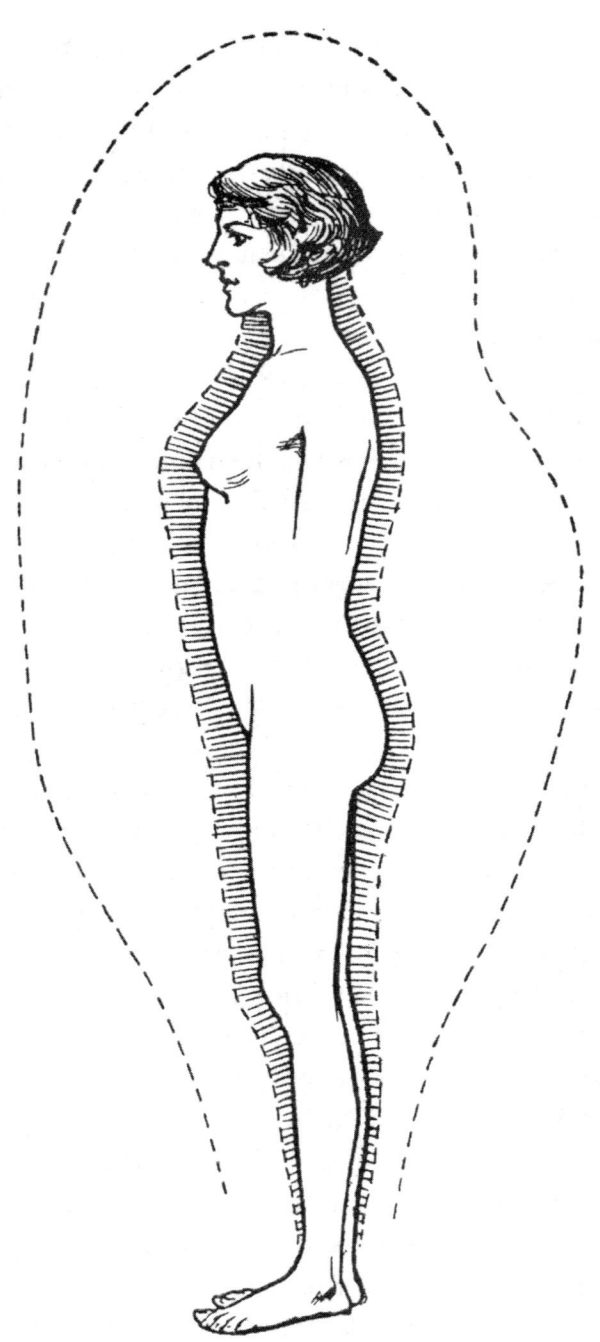

Aura neurótica con abultamiento dorsal que se estrecha hacia los tobillos.

atribuir a tal caso debe obviamente ser menor. Sin embargo, debería haber esperado que la neblina hubiera sido mucho más débil de lo que era, aunque en ninguno de estos casos se daban las condiciones para hacer una inspección adecuada. No permitiré que sus pruebas y las conclusiones a las que se llegaron se valoren excesivamente, a no ser que el sujeto fuera sometido a un examen que se llevara a cabo en unas condiciones especialmente preparadas. Es obvio que tales resultados son más o menos de poca utilidad. He examinado adecuadamente en varias ocasiones manos cuyos dedos habían sido amputados. En ningún caso se ha emitido un aura desde la parte ausente de tal dedo, naturalmente. En ningún otro sitio podría ser emitida un aura por un cuerpo muerto en el lugar donde el cuerpo no está. Cuando los fantasmas van a cazar, los espectros vistos por los ojos de los vivos no son auras en nuestro sentido, es decir, rayos emitidos por el cuerpo.

Por supuesto, estas manos siempre han sido manos de amigos de mi época del ejército, cuyas mutilaciones habían sido realizadas hacía algunos años. Soy consciente de ello. No hay aura que rodee a una extremidad amputada ni antes de ser extirpada del cuerpo ni en el lugar que había ocupado previamente. No espero eso, ya que un dedo es un miembro relativamente pequeño, o aun así porque es una proyección puntiaguda, podría dejar atrás su aura después de que hubiera perdido el poder de emitir una. Esto es, en mi opinión, imposible. He examinado un nervio que había sido colocado al descubierto en una sala de disección; el cuerpo llevaba tiempo muerto y, naturalmente, no había aura que ver. Tampoco había ninguna de un cerebro similar. Menciono esto para resaltar mi teoría de que el aura es emitida por el cuerpo vivo y no sólo por ciertos tejidos, vivos o muertos.

Se ha dicho que cuando un cuerpo vivo está sujeto a una carga de electricidad como la que se puede impartir con una máquina de Wimshurst, el aura interna se desvanece y después regresa más expandida. He intentado el efecto de una carga similar en un nervio muerto, casualmente el que yacía al descubierto en la sala de disección, pero aun así no había aura que ver. Con más razón, no se puede ver nada alrededor de un cuerpo inorgánico cargado. El campo eléctrico que rodea un objeto inanimado no se puede ver como un aura. Esto parece corroborar mi afirmación de que la neblina externa se extiende por encima del aura interna; las partículas cargadas eléctricamente no son visibles por sí mismas sin la presencia de rayos ultravioleta. Tampoco he sido capaz de recoger los rayos ultravioleta del sol por medio de mi pantalla sensibilizadora.

El cuerpo vivo parece poseer algún poder de fluorescencia, el de recoger rayos de luz blanca y emitir otros más cortos de longitud de onda ultravioleta. Por lo general, los cuerpos fluorescentes vuelven a emitir rayos de una longitud de onda más larga que la de los originalmente recibidos.

La pantalla, de modo similar, recoge estas ondas ultracortas que al pasar a través de la tintura se vuelven visibles. Esto, sin embargo, no es una descripción muy acertada de la función de la tintura usada en mi pantalla, ya que su efecto es sobre el ojo más que sobre los rayos. El ojo es sensibilizado para que pueda apreciar rayos de longitud de onda más corta de lo que normalmente puede apreciar. Alguna parte del ojo debe experimentar un cambio temporal, ya hemos intercambiado ideas acerca de las posibilidades, y hemos decidido que ningún cambio de índice refractivo es posible como tal, pero que el efecto debe tener lugar sobre las terminaciones nerviosas de la retina. He sugerido que esta sensibilización se hace sentir en los bastoncillos, tal vez aumentando la secreción del púrpura visual. Esto y una cierta cantidad de fluorescencia ejecutada por los tejidos albuminosos a través de los cuales los rayos pasan en su camino a través del ojo a la retina, parecen ser las explicaciones más probables. La primera, un efecto en el tejido nervioso del ojo; y la segunda, un alargamiento de la longitud de onda de los rayos debido a la fluorescencia, cuyo cambio es percibido por las terminaciones nerviosas de los bastoncillos.

Capítulo 10

El efecto de las enfermedades en la neblina externa

Se ha señalado que serán necesarias muchas más investigaciones antes de que podamos nombrar con cualquier grado de certeza las fuentes del aura interna. Al tratar con las fuentes de la neblina externa contamos con más seguridad; hay relativamente pocos ejemplos de pruebas conflictivas, mientras que todo apunta al sistema nervioso como el principal agente, el intelecto controlando el color (azul = bueno, gris = no tan bueno), forma e intensidad siendo afectado hasta cierto punto por las enfermedades, mientras que los desórdenes sexuales se registran en la anchura.

Es imposible determinar algo tajantemente, habría demasiadas modificaciones si lo hiciera, pero ciertas afecciones están casi sin excepción indicadas por sus propios juegos de señales: la gente que tiene tendencias neuróticas, que son muy sensibles, histéricas o incluso muy nerviosas, seguro que tienen el abultamiento dorsal en su neblina externa. La neblina posiblemente será bastante indefinida y puede disminuir rápidamente hacia los tobillos. En casos definidos de problemas epilépticos, tanto el abultamiento como la disminución de la neblina hacia los tobillos estarán probablemente bien marcados. La forma de la neblina se alterará de vez en cuando a medida que las condiciones físicas del individuo mejoren o se deterioren. Aparte del abultamiento dorsal y esta tendencia a estrecharse desde el fémur hacia abajo, las alteraciones sexuales desempeñan el papel principal en el control de la forma.

La intensidad de la neblina externa parece variar directamente como la idoneidad física, hasta el punto de que los nervios fuertes son normalmente indicados por una neblina intensa y definida. Los hombres suelen tener neblinas claras e intensas aunque la anchura pueda ser sólo de ocho o diez centímetros. El histérico puede tener una neblina ancha, especialmente en el caso de una mujer, pero su neblina será con toda probabilidad apagada y mostrará el abultamiento y la disminución a los que nos hemos referido. El color parece depender sólo del intelecto. Sin embargo, por muy físicamente en forma que el sujeto pueda estar, no es probable que la neblina emitida sea azul. Muchos hombres físicamente en forma tendrán auras buenas y claras, pero puede haber grises. Como la neblina emitida por un hombre de color es gris con un matiz marrón sobre ella, se deduce que el aura de un animal debería ser de un matiz más apagado que el gris pálido humano. Esperaríamos que fuera más oscuro que el gris humano, y probablemente menos evidente, lo cual tal vez explica mi incapacidad de localizarla, aunque en la actualidad no le he prestado mucha atención debido a mi dificultad para conseguir sujetos adecuados, como ya he dicho. La presencia de pelo probablemente borraría el aura interna, y es posible que cubriera parte de la neblina externa en algunos ejemplos, pues no debería esperar encontrar una neblina muy ancha o clara. He sugerido que se puede esperar que un gato tenga una buena aura interna, con esto quiero decir una intensa, ya que el aura interna nunca es muy ancha; pero el pelaje del gato sería de la longitud suficiente como para interferir seriamente con la visión clara incluso en las mejores condiciones. Es mucho más fácil conseguir animales enfermos que humanos enfermos a no ser que sea en prácticas médicas.

Las oportunidades de inspeccionar en detalle lo que puedo llamar «auras patológicas» son decididamente limitadas. A menos que se cuente con facilidades para observar el aura en las mejores condiciones, la información recopilada y la opinión a la que se llegue serán, respectivamente, escasas e inciertas. Una investigación exhaustiva, una que valga la pena del todo, debe ser llevada a cabo con el conocimiento y la ayuda del sujeto. Al decir que el sujeto puede ayudarse a sí mismo, quiero decir que puede ayudar no obstaculizando, como cuando visitamos al dentista resulta de ayuda mantener la boca abierta y la lengua quieta. Personalmente, he detectado que una relajación general del cerebro por parte del sujeto es de gran ayuda. Es mejor no pensar en nada, o debería decir en nada en particular, que llevar a cabo cualquier intento de concentración. Otros autores sostienen que concentrándose la apariencia del aura puede verse alterada, su intensidad aumentada y su color distinto. Tal vez éste pueda ser el caso de los genios y clarividentes, pero estoy seguro de que incluso el mejor de entre ellos admitiría, aunque sólo fuera para sí mismo, que nunca ha ganado mucha ventaja concentrándose en un color. El leopardo tiene manchas y así permanecerá, al menos hasta que cambie sus costumbres y su entorno, y tales cambios deben ser muy graduales. También el aura que debe ser azul o gris, aunque puede cambiar de un tono azul grisáceo a otro gradualmente, variando con el intelecto o la salud mental del sujeto. La concentración en ciertos colores mejora la salud o previene el peligro, supuestamente porque el sujeto se enquista en su aura. Me temo que todo esto es muy alusivo a la curación por la fe. Pongámonos un halo y seremos hombres buenos. Aun así, tal vez caracterizándonos podemos interpretar mejor nuestro papel. ¿No fue Coué quien aconsejó decir: «Cada día en cada aspecto mejoro más y más»? El grado de mejora en este caso se aplica al progreso a lo largo del camino hacia la salud, no hacia el cielo. No podemos dudar que la concentración afecta a los nervios localmente, quizás a través de la imaginación. No puedo estar de acuerdo, partiendo de mis propias observaciones, en que podemos afectar el color de nuestra aura concentrándonos en nuestros pensamientos sobre ella.

He notado, sin embargo, que las personas que no tienen nervio en su cuerpo, que no se irritan fácilmente, tienen muy a menudo neblinas externas más compactas que las personas asustadizas o temperamentales. Las personas fuertes y silenciosas, incluyamos a los hombres tranquilos en esta categoría, generalmente tienen neblinas estrechas que a menudo son intensas; el tipo de persona más emocional tiene un aura más ancha. La idea es que el aura en el último caso está bajo menos control que la primera, que ha sido autorizada a deambular, por así decirlo; le han dado más latitud. No puedo ofrecer pruebas sólidas a favor de esta opinión ya que es demasiado abstracta como para explicarla científicamente, al menos hasta que se hayan recogido más detalles al respecto. Es posible que en días venideros podamos decir a una persona que ha perdido los nervios: «Intenta mantener tu aura bajo control». También las personas que pueden ser descritas como alocadas o que no son capaces de concentrarse a veces tienen auras externas anchas. Dichas personas son a menudo muy nerviosas, así que tienen el habitual abultamiento dorsal, o neblina ilimitada, en la región de la médula espinal. Las afecciones nerviosas que hemos mostrado se registran en la neblina externa, aunque las enfermedades locales de naturaleza ectodérmica no aparecen en un estilo tan marcado en esta parte del aura como lo hacen las enfermedades definidas que he llamado de naturaleza endodérmica en el aura interna. El aura interna es más marcada, más definida, que la neblina más allá de ella, con el resultado de que cualquier espacio o vacío, causado en ella por un órgano enfermo que no emite el aura, sería detectado más fácilmente. La debilidad general y el hecho de no sentirse bien tienden a atenuar la neblina. Una persona que está agotada tendrá probablemente una neblina apagada. Si el grado de agotamiento llega a un agotamiento nervioso, la neblina se puede expandir, haciéndose muy indefinida y no teniendo un límite distal definido. Esta neblina parece ser un instrumento más sensible que el aura interna que, aunque cambia en grado de intensidad, varía muy poco en anchura en los hombres, las mujeres y los niños si están en forma o enfermos; pero el color será siempre azul grisáceo. Kilner afirma que las mujeres pueden cambiar el color de sus auras según su propia voluntad y que los colores así producidos «incuestionablemente no pertenecen al espectro solar visible común». Él sugiere que pertenecen a un segundo espectro superior de longitudes de onda más cortas. De un modo u otro, parecería que los rayos que forman el aura fueran capaces de estimular sus conos a cualquier nivel.

Los rayos ultravioleta pueden afectar a las enfermedades; por ejemplo, el raquitismo puede deberse a una carencia de vitamina A en la dieta. Esta enfermedad puede aminorarse con rayos ultravioleta, tal vez porque los rayos aumentan la vitamina A en el cuerpo emitiéndola.

Los rayos ultravioleta producen esterilización y destruyen las bacterias. De este modo, si estos rayos de onda corta pueden afectar a las enfermedades, ¿es razonable esperar que la presencia de una enfermedad en el cuerpo se registre en la emisión de tales rayos? En resumen, la enfermedad debería hacer acto de presencia con un examen del aura.

Desafortunadamente, estos rayos del sol portadores de salud no nos llegan en grandes proporciones como se podría esperar, siendo una razón, como he señalado antes, el hecho de que nuestra atmósfera los detiene. Los rayos ultravioleta convierten el oxígeno en ozono, una razón por la que hay más ozono en la parte superior del aire que cerca de la Tierra.

El dióxido de carbono y el nitrógeno son casi transparentes a los rayos ultravioleta, siendo el oxígeno el elemento vedado. La evidencia muestra que es, en realidad, el oxígeno en forma de ozono el responsable de limitar el espectro solar de estos rayos. Creo que fue lord Rayleigh quien dijo que cuanto más bajo es el aire, es mucho más transparente para los rayos ultravioleta que para los de las zonas superiores, siendo la interferencia la relativamente gran proporción de ozono que impide que pase hacia la Tierra.

El efecto de los rayos ultravioleta en los seres vivos puede ser resumido brevemente de este modo:

a) Estimulante: aquel de longitud de onda más larga, es decir, aquel más cerca de la parte visible del espectro.
b) Letal: aquel de longitud de onda más corta que se encuentra más allá.

Los abióticos o letales, tienen una longitud de onda menor de 305 μμ.

Burge sostuvo que los rayos con longitud de onda entre 302 y 254 μμ ejercen un efecto químico en el protoplasma, cambiando células vivas en un componente insoluble, o coágulo.

Las radiaciones entre 296 y 210 μμ son absorbidas por piel de grosor de un milímetro, pero los rayos ultravioleta más largos, aquellos que tienen longitudes de onda entre 380 y 296 μμ, no tienen efecto en los gérmenes, siendo 294 a 238 μμ el rango germicida. Éstos hacen atóxica la toxina de la difteria, por ejemplo.

Es tal vez un poco curioso que el hombre no tenga órganos sensoriales para detectar las radiaciones ultravioleta. No tenemos un aparato nervioso para recibir impresiones de rayos que son suficientemente intensos para ser dañinos y, aun así, demasiado débiles para hacerse notar convirtiéndose en calor. Woodruff sugiere que nuestros ancestros remotos evolucionaron en zonas nubosas y oscuras donde los rayos ultravioleta existían en muy pequeñas cantidades y que, por esta razón, no se necesitó tal sentido nervioso, así que no evolucionó. Durante las últimas fases de la evolución se desarrolló el pigmento protector. Era entonces demasiado tarde para desarrollar un nuevo sentido nervioso por variación.

Los rayos ultravioleta del sol yacen entre 400 y 290 μμ, es decir, están todos en la zona cercana a las ondas más largas. No se encuentran, por lo tanto, en la zona letal, sino que van hacia ella en el extremo límite corto. Es muy probable que el calor del Sol los haga ser suficientemente potentes como para destruir ciertas bacterias. La zona media, 300 a 200 µµ, es muy germicida. Éstos son los rayos emitidos por la lámpara de vapor de mercurio. Los rayos de longitud más corta están aún situados en una zona relativamente poco conocida, especialmente más allá de 150 µµ.

Muchos insectos deberían sufrir los efectos de las radiaciones ultravioleta. Las hormigas blancas cuando buscan comida viajan bajo tierra para evitar los rayos del sol; otros insectos posponen sus paseos hasta que el sol se ha puesto.

Para muchos moluscos las radiaciones del sol son más de lo que pueden tolerar. Por supuesto, en algunos animales el problema es simplemente el calor, mientras que en otros es la luz, por ejemplo, el búho. Para los animales inferiores, sin embargo, estos rayos de longitud de onda más corta representan en muchos casos un peligro ya que sus pieles, a no ser que estén especialmente protegidas por pigmento o por otros medios, absorben las ondas ultravioletas del sol. Como he dicho, nuestra piel nos permite una buena protección, incluso así, los rayos que no nos dañan pueden resultar letales para otras criaturas. Las larvas de avispa tienen que estar selladas en celdas a prueba de luz si quieren sobrevivir y alcanzar la madurez.

Schanz sostiene que la principal función del color en las flores es la selección de radiaciones requeridas en cada caso específico. Tal vez, nuestra aura se reemite desde las capas adecuadas del cuerpo, posiblemente, incluso, sin mucha alteración en la longitud de onda, que asciende a poco más de la reflexión, aunque no desde la superficie de la piel, por supuesto. Es contrario a la experiencia suponer que cualquier forma de fluorescencia es provocada, ninguno de los rayos son alargados en luz visible al ser reemitidos. Los rayos que forman la neblina externa están cerca de la zona ultravioleta, probablemente sólo más allá de la parte visible del espectro.

Capítulo 11

El aura a través de los ojos de los animales

Los ojos del búho, como hemos dicho, que constan de bastoncillos pero no tiene conos, son incapaces de apreciar el color, además de ser prácticamente inútiles como órganos de visión durante el día. Esto es, por supuesto, lo suficientemente obvio debido a su hábito de mantenerse fuera de la vista de otros animales durante las horas de luz. La luz del sol agotaría al instante sus bastoncillos, dejándole impotente contra el ataque incluso del ave más diminuta, por lo que sus ojos, de hecho, están perfectamente adaptados a la caza nocturna.

Imaginémoslo sobrevolando la tierra en busca de comida, a más de unos cuantos centímetros de altura, mirando con atención recovecos y grietas por si hay una posible cena, ¿o deberíamos decir desayuno? Está claro que el ratón es una presa fácil de distinguir para él, y la razón es que el aura de los rayos ultravioleta emitidos por el ratón vivo lo convierten en un objetivo obvio, de hecho, un objeto claramente visible. Los pájaros pequeños también saben que deben dejar al búho en paz durante la noche pues del mismo modo emiten su aura, para su perdición. El búho no confía en el típico truco que utilizan tantas otras aves rapaces de revolotear sobre sus víctimas, asustándolas mientras permanecen agazapadas y se convierten en presa fácil, por así decirlo. A este cazador le gusta posarse sobre un poste y esperar como un gato encima de una ratonera. Estos postes son objetos peligrosos, ya que los guardianes ponen trampas en lo alto de ellos, trampas que son objetos inanimados que no tienen aura, por supuesto, y de este modo el búho es víctima a su vez. Cosas como éstas deben existir ya que el trabajo de los guardianes es proteger a sus jóvenes faisanes; y los búhos, como el resto de nosotros, son bastante parciales para ellos. La pregunta obvia es si el búho escucha a su presa, confiando en sus oídos. Las aves rapaces tienen oídos que no son de ningún modo destacables, tampoco funcionan mejor de noche que de día. Algunas de las víctimas no articulan ningún aullido. A los búhos les gusta la comida de sangre caliente, lo sabemos, pero los zorros prefieren ranas e incluso escarabajos. Esto sugiere que las criaturas de sangre fría también emiten un aura. Estoy de acuerdo en que esto es posible, incluso probable ya que las luciérnagas y los gusanos de luz emiten algo que es obvio incluso para nosotros, aunque hay otras explicaciones para esta luz que el aura.

¿Se debe atribuir esto al olfato más que a la vista? Tal vez. Los zorros tienen buenos hocicos aunque no debería contar al escarabajo entre los animales más fáciles de olfatear. Las ranas tampoco tienen glándula perineal, el órgano que proporciona olor y característico de los mamíferos, así que debe ser difícil de rastrear de este modo. Los zorros siguen el olor de los pollos, sin duda, ya que las aves tienen glándulas uropigiales que contienen un aceite que deja un aroma definido y que resulta de mucha ayuda, como cualquier perro de caza podría decirles. Los zorros disfrutan matando pollos, aunque sus digestiones débiles se oponen a que hagan una comida caliente a menos que haya oportunidad de dormir la mona. Una zorra llevará aves a casa; después de todo, los cachorros tienen que aprender a qué huelen los distintos tipos de comida. No insinúo que un zorro odie cazar; por supuesto que no, pero le favorece que la caza esté fuera de temporada, ya que el zorro es un animal cazador y conoce todos los trucos, así que es muy poco probable que se permita el lujo de ser pillado fuera de forma. Los caballos probablemente tengan visión monocromática, lo ven todo del mismo color, tal vez de un tinte marrón. Sus bastoncillos no se han desarrollado completamente como conos, ya que el cono es un tipo de bastoncillo especializado que se ha aclimatado a la luz brillante y es, por esa razón, que se encuentra en esa parte de la retina sobre la cual cae la luz brillante, es decir, en la fóvea central. El ojo primitivo constaba sólo de neuronas bastoncillo, siendo los conos desarrollados más tarde a partir de los bastoncillos.

A los caballos no les gustan los objetos grandes que parecen ser inusuales, especialmente si están al lado de la carretera donde pueden ser vistos con sólo un ojo y, por lo tanto, no pueden ser vistos en perspectiva. La mayoría de nosotros sabemos lo nerviosos que se ponen algunos caballos cuando pasan por delante de objetos que se encuentran al borde de la carretera como un árbol caído, también lo fácilmente que un zorro puede ser guiado o un conejo se da la vuelta cuando huye del maíz que está siendo cortado. Los granjeros gritan cuando un conejo está a punto de llegar a un seto seguro, con el resultado de que éste se girará en dirección al prado. Gritar, por supuesto, va acompañado por un movimiento de palos, esto último es mucho más efectivo que lo primero, aunque los conejos se alteran fácilmente por el ruido y son muy asustadizos ¡y los conejos no son los únicos animales que se pueden hacer salir en estampida! La mayoría de los animales que viven en grupo se asustan muy fácilmente porque uno de ellos se asusta; las vacas, los ciervos de todo tipo, los caballos, incluso los elefantes, y algunos de ellos, una vez a la carrera, causarán a sus perseguidores una caminata cansina, y cautelosa, antes de que aparezcan con su presa otra vez.

Seguramente muy pocos mamíferos tienen la vista de más alcance que el hombre. La mayoría de los animales más grandes en el monte o en la selva cazan por el rastro, mientras que la presa sabe que su mejor protección es permanecer absolutamente quieta y confiar en su camuflaje natural. Incluso para nosotros si una cebra se queda quieta es muy difícil de ver, aunque estemos relativamente cerca de ella. Los ojos de los animales detectan el movimiento de inmediato, pero no el color, sólo claros y oscuros; el camuflaje natural debe, por lo tanto, ser incluso más efectivo en ayudar a su dueño a eludir la mayoría de ojos animales que los humanos.

Debido a su longitud de hocico, la mayoría de los animales más grandes tienen su visión en el lado de la cabeza limitada a un ojo, lo cual significa ausencia de perspectiva, y el juicio de distancias relativas de objetos por su movimiento en paralaje es también reducido. Sólo los objetos en la mirada directa pueden ser definitivamente situados en lo que se refiere a sus alrededores, mientras que también es difícil juzgar la velocidad correctamente cuando sólo se usa un ojo. El ojo sólo tiene esta función, la vista, pero los ojos como un par pueden reclamar la adicional, la perspectiva. Del mismo modo, las orejas como un par se ayudan una a la otra a detectar la dirección del sonido. El oído de un mamífero está, como toda la Galia, divido en tres partes. La más interna y más antigua, que controla el equilibrio; la central, que es responsable del oído, y la oreja externa, que es característica sólo de los mamíferos, para recoger el sonido. El pabellón de la oreja de un conejo, que puede definirse como un periscopio auditivo, le capacita para oír sin exponer su cabeza al peligro.

Con respecto a los animales más inferiores, no es un asunto fácil hacer una afirmación definitiva sobre su aura, suponiendo que emitan una. No he visto nada así, a no ser que la luz de un gusano de luz pueda ser tomada como un aura, o sea debida en parte a algo que pueda ser definido como tal. Es luz emitida por un cuerpo vivo. Parece más probable que emitan algo de la naturaleza de un aura que lo contrario.

Recientemente, me han enseñado una fotografía de un aura alrededor de Glastonbury Tor. Ciertamente había algún tipo de neblina. Estas cosas pasan en la fotografía. Repito que los objetos inanimados no pueden emitir un aura en nuestro sentido de la palabra. A menudo se ven líneas subjetivas, un boceto extendido que sigue la forma de un objeto. Un truco de nuestros ojos, tal vez, debido a que momentáneamente tienen un enfoque diferente. He oído referirse a este fenómeno como «halocinación». No puedo considerar que tenga ninguna afirmación o cualquier otra cosa de que sea emitido por el objeto. Es posible que se trate de un tipo de imagen fantasma causada por mirar fijamente al objeto. Es indudablemente de una naturaleza subjetiva y, como tal, no es un aura. ¿Son estas «halocinaciones» alucinaciones del ojo? Después de todo, como son subjetivas, deben de serlo.

He mencionado la existencia de una banda oscura muy estrecha entre la piel y el límite proximal visible del aura interna. Esta banda, que es probablemente un vacío en el aura, ha sido denominada el «doble etéreo». No concedo gran importancia a su existencia, ya que creo que su presencia puede ser explicada por lo que llamo medios decepcionantes. Es con toda probabilidad un vacío en el aura causado por estar cubierta, o al menos metida entre el vello de la piel. El doble etéreo se extiende sólo medio centímetro.

Las partículas de la piel atenuarían los rayos del aura, causando la apariencia de una banda oscura. No creo que sea una ilusión óptica, coincide demasiado con la piel para ser una «halocinación». Kilner considera que el doble etéreo es más ancho y más fácilmente visible en las personas que tienen una tendencia neurótica. La atenuación del aura probablemente provocaría que este vacío pareciera más ancho. Sea cual sea la causa de ello, no puede haber duda de que el aura interna y también la neblina más allá de ella deben traspasar este espacio estrecho.

Si se mira el aura a través de una pantalla roja, el doble etéreo parece más claro en color y ligeramente estriado, siendo la estriación, seguramente, los rayos del aura interna que pasan a través de él. No creo que necesitemos dar mucha importancia a este vacío. No es fácil ver más de medio centímetro de nadería limitado por un lado por piel sólida y por el otro por una neblina tenue, ya que no podemos afirmar que incluso el aura interna sea mucho más. La investigación se hace menos difícil si se usa un fondo blanco en vez del habitual negro o carmesí.

Volviendo a la probable apariencia del aura a ojos de los animales, debemos tener en cuenta que esto debe ser, hasta cierto punto, conjeturas. Esto es lo que podemos afirmar con razonable certeza: como los animales que hemos mencionado tienen neuronas de bastoncillos como nosotros, aunque los conos no han evolucionado hasta tal grado de eficiencia, la principal diferencia en su vista y la nuestra radicará en distinguir los colores. El color pertenece a los conos. Ya hemos sugerido que el aura, como fenómeno ultravioleta, es vista por los bastoncillos. El aura es siempre azul grisáceo. Todo parece azul grisáceo durante la noche cuando los bastoncillos están siendo usados. Después, está el búho de ojos sensores que ven el ratón vivo pero no la carne muerta. Asumamos de momento que tengo razón en que el aura es vista por los bastoncillos, y veamos qué más podemos deducir.

El aura se ve mejor en una luz tenue que en una intensa, ya que esta luz fatiga los bastoncillos. El búho debería ver el aura muy claramente de noche, teniendo la ventaja de ser capaz de mirarla directamente; su fóvea central, como el resto de su ojo, constará de bastoncillos.

Aunque nuestros conos pueden ser mejores que los de otros ojos, dudo si nuestros bastoncillos lo son. Los animales que no pueden distinguir el color, por lo tanto, deberían ser capaces de ver el aura al menos tan bien como nosotros.

El espectro visible puede no estar situado entre las mismas longitudes de onda para todos los ojos, de este modo los animales cuyo espectro visible se extiende más allá hacia donde los extremos más cortos o violeta terminan pueden ver el aura siempre con claridad.

Los animales más inferiores, los insectos, por ejemplo, no tienen ojos muy desarrollados. Los ojos compuestos constan de un ojo peduncular cuyo extremo distal está cubierto por una cutícula transparente dividida en caras cuadradas, y corresponde a la córnea. Debajo hay una sustancia vítrea que refracta, y bajo ésta se encuentra la retínula que encierra la parte responsable de la visión.

Cada pequeño ojo está separado del próximo por un pigmento negro para que el área visual de cada uno sea muy limitada. No hay bastoncillos ni conos. Estos ojos son sensibles a la luz y ciertos colores pueden ser descritos como agradables o no agradables para ciertos insectos, posiblemente porque son incapaces de ver otros. A la mayoría de insectos parece gustarles el blanco, que por supuesto incluye todos los colores y también debe incluir el color agradable en concreto para el insecto.

A las abejas les gustan los colores del extremo más corto del espectro visible, azules y violetas. Ante cualquier cosa más larga del verde pasan volando de largo, siendo aparentemente no atraídos.

A las mariposas les gustan los blancos y los rojos. Las polillas, que vuelan de noche, ignoran el rojo ya que supuestamente no pueden verlo, aunque les gusta el amarillo o el blanco, colores que se distinguen bien en la oscuridad.

Los insectos que comen polen, sin embargo, visitan las flores amarillas ya que éste es más a menudo de ese color que de ningún otro.

Ninguno de estos hechos parece aclarar si hay aura emitida por las flores, o por las plantas en general; no he podido ver ninguna. Parece poco probable que tal aura fuera visible a un ojo vertebrado, aunque esto no indica necesariamente que los insectos no puedan captar rayos de luz que nuestros ojos no pueden. La simbiosis entre las plantas y los insectos está en un avanzado estado de perfección, si se me permite usar un término contradictorio. Las plantas, por un lado, han modificado algunas de sus hojas florales en nectarios que proporcionan la recompensa al insecto visitante. El olor, al igual que los apropiados colores agradables, anuncia el tipo de néctar, y así atrae al cliente. Diferentes insectos tienen diferentes tipos de sistemas para recoger el néctar. Aquí el cliente es servido de nuevo, hasta cierto punto, ya que el nectario está tan colocado que el insecto visitante no puede obtenerlo sin cumplir su parte del contrato, concretamente, el transporte del polen. Por otro lado, el insecto ha encontrado la planta al menos a mitad de camino adecuando su aparato colector al máximo para obtener su marca favorita de néctar de las flores en particular que lo proporcionan.

La cuestión es: ¿qué papel desempeña el color en esta atracción mutua? Aquí sólo puede entrar la cuestión del aura, la posibilidad de la emisión de rayos de una longitud de onda invisible a los ojos humanos. La mayoría de insectos, no todos, son adecuados agentes de transporte para la polinización de alguna flor. Hemos dicho que a las abejas les gustan los azules y los violetas, pero no los rojos y los amarillos. ¿Qué pasa con el brezo, que es rosa o rojo pálido? No estoy de acuerdo. El brezo, como todo escocés sabe, es bonito y púrpura, o magenta; es decir azul más rojo. Azul, ése es el punto. ¿El brezo blanco? Lo mismo, más verde. Azul más rojo más verde. Hay excepciones, sin duda, y no son muy difíciles de nombrar, pero la regla general se sostiene bien hasta tal punto para que creamos razonablemente que es más que una mera coincidencia. Hay algo en la idea de que los animales, en este caso los insectos, tienen colores agradables, y colores que no los atraen, no llegaré a decir que son colores desagradables, porque probablemente los insectos que no son atraídos a ellos no pueden verlos.

Si las flores son capaces de colorear sus pétalos, ¿no puede una emisión de rayos ser extendida más allá de la flor en forma de aura? Y, si eso es así, ¿tienen los insectos algún medio para localizarla y apreciarla?

Los insectos también emiten rayos. No necesariamente rayos ultracortos; es posible que se trate de rayos de longitud de onda considerablemente más larga que la parte visible del espectro. No ha habido una explicación satisfactoria en cuanto a cómo algunas polillas hembras hacen una llamada a los machos. Cuando una hembra de una especie rara en concreto se queda encerrada en una habitación o un invernadero, se notará al cabo de unas horas que un macho, o tal vez varios machos, de esta especie rara estarán revoloteando fuera. Posiblemente sólo haya una docena más o menos de ellos en todo el condado. Aun así, allá van, respondiendo a la llamada. Esto apenas puede entrar en la categoría del aura, lo sé, pero me gusta que podamos calificarlo de emisión.

Ahora los lectores pueden recordar mi mención de esos haces de rayos que se extienden desde el margen proximal del aura interna y van más allá de la neblina externa, no necesariamente paralelos a los rayos del aura interna sino intentando hallar un reflector como si se dirigiera a algún punto lejos fuera de la zona del aura. Posiblemente, sólo posiblemente, algo de este tipo puede ser emitido y ser recogido después en forma de ondas inalámbricas por insectos que se encuentran lejos.

Se han hecho experimentos interesantes con una pulga de agua artrópoda diminuta, la dafnia: los rayos ultravioleta de una lámpara de arco actúan en un tanque que contiene estas criaturas. Nadan hacia atrás y hacia delante en el agua. Después se coloca un panel de vidrio delante de los rayos, que elimina todo por debajo de 310 μμ. Los animales suben cerca de la superficie. Tan pronto como el panel de vidrio se retira vuelven a la profundidad oscura del agua. De manera similar, los que están cerca de la parte de vidrio del tanque se acercan al panel cuando los rayos de longitud más corta son eliminados, y retroceden a la zona más oscura cuando se quita el panel.

El cíclope se comporta de un modo similar.

La mayoría de estas diminutas criaturas no tienen ojos reales, sino zonas oculares sensibles a la luz.

Como los rayos del sol incluyen aquellos de longitud de onda tan corta como 310 μμ, además de aquellos de luz visible y zona ultravioleta más larga, es probable que muchos de éstos, especialmente aquellos en la zona de 400 μμ, se vean afectados por sustancias fluorescentes, con el resultado de que serán emitidos de nuevo como luz visible degradada.

Algunos tejidos animales probarán ser más fluorescentes que otros; de ahí que una luz visible debería ser vista rodeando el tejido más fluorescente. Se puede decir que esta luz es emitida por ese tejido. El aura también es emitida por los tejidos. Se ha detectado que los rayos artificiales de longitud de onda ultravioleta son reemitidos por tejido fluorescente.

Veamos qué partes del cuerpo humano son más fluorescentes: el ojo, la sangre y la piel actúan como agentes protectores contra los rayos ultravioleta. Los absorben y los vuelven a emitir como luz visible. La capa esclerótica del ojo con su modificación, la córnea, emite una fluorescencia de un color azul fuerte, mientras que la pupila permanece oscura. El blanco de los ojos de algunos animales emite una fluorescencia más apagada, más gris amarillento. Las partes duras de la piel destacan más que las partes más blandas. La caspa emite una fluorescencia muy fuerte, y las zonas de eczemas y enfermedades cutáneas similares se distinguen. La piel sin pigmento es más fluorescente que la de la gente de color cuyas auras son de un gris amarronado inconfundible.

Los cabellos dorados emiten fluorescencia; también lo hacen los blancos, siendo ambos fácilmente distinguibles de los cabellos oscuros o marrones. El cabello rubio artificial no emite fluorescencia.

Los tendones y los ligamentos emiten más fluorescencia que los músculos, mientras que los huesos parecen incluso más intensamente iluminados.

El tejido descompuesto no emite fluorescencia.

La intensidad de los rayos ultravioleta del sol en el cuerpo es muy pequeña en comparación con la de los rayos artificiales que son atraídos al foco en el cuerpo de cerca. De ahí que la fluorescencia sea mucho más obvia en el último caso intencionado.

La cuestión surge en referencia a si estamos confundiendo esta fluorescencia de rayos de varios tejidos con el aura. ¿Lo estamos haciendo? Creo que si investigamos más en esta teoría de la fluorescencia veremos que las dos están muy íntimamente relacionadas. ¿Por cuál de las teorías los rayos ultravioleta son emitidos por el cuerpo? ¿Por la de los tejidos? Es lo mismo. Con la lámpara artificial los rayos son reemitidos como un resplandor más obvio o tal vez podemos decir como luz, el color es normalmente azulado. En el caso de los rayos del sol son emitidos como rayos ultravioleta, probablemente alargados para acercarse más a la longitud de onda del espectro visible. La neblina apenas visible reemitida, de momento tiene que ser recogida aclimatando los ojos con pantallas especialmente preparadas.

El aura es emitida por el cuerpo, las partes constituyentes por diferentes partes de los tejidos. ¿Seguro que esta aura artificial de ningún modo daña la teoría del aura sugerida por mis experimentos? Más bien, creo que una apoya a la otra.

Es verdad que algunos de los rayos hechos fluorescentes artificialmente no son estrictamente azules o grises, pero con una intensidad tan grande no es extraño que éste sea el caso. El aura emitida naturalmente es muy difícil de ver, y sus rayos son con gran certeza de longitud de onda ultravioleta. Nunca los he visto, repito, de ningún otro color que el azul o el gris, aunque a veces hay una débil sugerencia de un tinte amarronado sobre ellos, como en el caso de las personas de color; o verde, como en el caso de los bebés blancos recién nacidos. Éstos, sin embargo, son predominantemente azul o gris.

La razón por la que el tejido hipoplástico, el canal alimenticio y sus glándulas deberían emitir rayos que, aunque relativamente intensos, no se extienden más de ocho centímetros más allá de la piel, mientras los rayos emitidos por el mesodermo y el ectodermo deberían ser vistos como un aura unas tres veces esa anchura, no es evidente en la actualidad. Éste es un razonamiento que corrobora mi dificultad de ser capaz de ver el aura emitida por los animales. Como las pieles blancas emiten más fluorescencia que las oscuras, y los cabellos claros más que los oscuros, es poco probable que se pueda investigar mucho a lo largo de estas líneas con animales como sujetos.

Diferentes emisiones se harán visibles a diferentes ojos. El hecho de que un búho pueda ver un ratón no es un motivo por el cual deberíamos ver alguna de las emisiones áureas que pueden volverse visibles al ojo humano. Al contrario, podemos estar muy lejos de ver el aura de un ratón. No puedo ni siquiera arriesgar una suposición sobre su longitud de onda, aunque debe estar situada en algún lugar en mi zona ultravioleta, ya que el ojo del búho consta de bastoncillos que no pueden ver rayos infrarrojos.

Debería esperar a encontrar esta aura en algún lugar en la parte larga de los ultravioleta, pero atribuyo mi inhabilidad para verla más a la falta de intensidad que a la corta distancia de su longitud de onda.

Hay aún algunas pruebas que me hacen dudar sobre conciliar las emisiones áureas con la fluorescencia de los rayos solares ultravioleta por los tejidos. El aura se inspecciona mejor en luz tenue pero, aun así, mi pantalla no tiene propiedades fosforescentes.

Es más difícil ver el aura en zonas polvorientas que en el aire limpio en lo alto de una montaña. Como el medio ideal es un vacío, está claro que habría un gran porcentaje de rayos ultravioleta en la luz del sol en altitudes más elevadas que al nivel del mar, donde los rayos tienen un trayecto más largo a través de la atmósfera de la Tierra que no es sólo en proporción más densa, sino que contiene más partículas de polvo. Esto coincide con la idea de que la fluorescencia de los tejidos del cuerpo es al menos en parte responsable de la emisión del aura.

Capítulo 12

El factor hereditario

Como ya he dicho, no he tenido muchas oportunidades de hacer un estudio especial de las auras de varios miembros de una familia que no sea la mía, aunque hayan aparecido ciertas características notables. Éstas han sido en su mayoría detectadas en la textura del aura, algo muy difícil de describir.

Cuando consideramos lo fantásticos que son los cambios que se pueden provocar químicamente, es fácil darse cuenta de cómo una pequeña influencia del exterior puede causar una variación suficiente para superar la herencia natural.

Se puede decir que las variaciones son de dos tipos: aquellas debidas al cambio en el sistema de factores germinales y las debidas al sistema de estímulos del entorno. El primero es conocido como mutación y el segundo como modificación. Ambas son formas de variación y son indistinguibles.

Las modificaciones continuarán siendo heredadas siempre y cuando el estímulo persista. Las mutaciones pueden establecerse y pasar de generación en generación, siendo la variación o cambio de lo habitual en las especies más marcada por una cuidadosa selección de los padres; por ejemplo, si las palomas con pechos especialmente inflados son consideradas muy de moda, las palomas que se usan para espectáculos serán criadas sólo a partir de pájaros que tienen esta peculiaridad. En este caso la selección no es natural sino artificial y, en consecuencia, la mutación se establece relativamente después de unas cuantas generaciones.

Si el espécimen modificado se apareara con un miembro de la especie normal, el resultado se apreciaría probablemente en la siguiente generación excepto una, estando estas proporciones en concordancia con la ley de Mendel. Este hecho, sin embargo, estará mucho más marcado en el caso de un espécimen modificado deliberadamente. Veamos un ejemplo: el profesor Guyer inyectó en un pájaro la sustancia del cristalino del ojo de un conejo, obteniendo de este modo un suero dañino para el ojo. Lo inyectó en una coneja embarazada con el resultado de que, aunque los ojos de la madre no cambiaron, los de los pequeños conejos desarrollaron cristalinos que eran de algún modo defectuosos. Al practicarse la endogamia entre estas crías el defecto se volvería hereditario, incluso incrementado, después de unas generaciones. Sin embargo, si un conejo poseedor del defecto se cruzara con uno normal, la siguiente generación de acuerdo con la ley de Mendel sería normal, pero en la tercera generación el defecto aparecería como una característica recesiva y se transmitiría según las leyes mendelianas de la herencia. El profesor Guyer también muestra que el defecto puede ser heredado tanto a través del padre o de la madre, lo cual significa que la inyección puede tener lugar antes de que el embrión haya empezado a existir.

Veamos ahora lo grandes que son las variaciones provocadas por agentes químicos. Desde la era devoniana los craneados han tenido dos ojos, y aun así añadiendo un poco de cloruro de magnesio al agua, los huevos de ciertos peces han desarrollado embriones con un solo ojo ciclópeo en una posición central.

Estoy interesado en la «textura», palabra que uso para denotar el aspecto general de densidad o de las auras de las personas que no son de pura naturaleza europea. El aura de una persona del norte de Europa es de textura fina en comparación con la de una persona de color, particularmente la neblina externa. El aura de una persona mestiza suele ser de una textura de aspecto intermedio. Éste es probablemente el caso, no importa si el individuo se parece al progenitor blanco o al de color. Veamos el caso de una chica de veinte años, rubia, con un cutis muy blanco y ojos azulados. El padre era también muy rubio y tenía rasgos excepcionalmente refinados, los típicos de un hombre blanco. La madre había muerto, pero se rumoreaba que había nacido en África. Aparte del hecho de que la chica tuviera algunos rasgos poco refinados, especialmente los labios y la nariz, no había nada en su aspecto que apoyara este rumor. Un amigo mío estaba interesado en esta chica y un miembro de su familia me preguntó si había algún modo de demostrar el feo rumor sobre el origen de la madre de la muchacha sin hacerle preguntas comprometedoras al padre y evitar así una situación violenta. Cuando se me presentó una oportunidad de inspeccionar esta aura, comprobé que la textura era excepcionalmente gruesa, tanto como para que en mi mente no quedara ningún atisbo de duda. Conociendo a la familia del hombre, no tuve dudas en aconsejarle negativamente sobre ella. No le di ninguna razón, pero siguió mi consejo. Unos años después el hermano de esta chica volvió del extranjero. El aura obviamente no había mentido, y las cosas se habían resuelto de una forma feliz para todos los implicados.

Es muy raro que la ley de Mendel se cumpla al pie de la letra en lo que se refiere a los seres humanos. Los descendientes de una persona blanca y otra de color no suelen ser individuos blancos o negros, sino de un marrón más oscuro o más claro. En el caso excepcional mencionado antes, aunque la piel era blanca, los rasgos eran heredados de la parte materna. La característica piel negra de la raza de la madre estaba presente en la naturaleza de la chica como una característica recesiva; tal presencia sólo se podía demostrar con los resultados de la reproducción, dando paso a una piel marrón en la siguiente generación, como si ella también hubiera sido de piel oscura.

Mendel llevó a cabo sus originales experimentos con las flores de los guisantes. Cruzó las rojas con las blancas con el resultado de que la segunda generación obtenida eran todas rosas. Estas rosas cruzadas entre sí, sin embargo, produjeron un 25 % de flores rojas que, cruzadas con otras rojas, se reprodujeron conforme a la raza; 25 % blancas que, cruzadas con otras blancas, se reprodujeron conforme a la raza, y 50 % rosas que eran híbridas en lo que se refería al color. Éstas entremezcladas produjeron un 25 % rojas y un 25 % blancas que nunca volverían hacia atrás, y 50 % híbridas rosas de nuevo.

La misma norma se cumplía cuando una especie alta de guisante se cruzaba con una enana. Pero, como no hay un tamaño medio de guisantes, los de la segunda generación eran todos altos.

Sin embargo, en la tercera generación el 75 % eran altos y el 25 %, enanos. Estos enanos si se autofertilizaban o cruzaban con otros enanos (en los guisantes dulces la autofertilización es lo habitual) se reproducían conforme a la raza. En el 75 % de los altos sólo el 25 % de los que se autofertilizaban se reproducían conforme a la raza de su tipo, es decir, altos. El otro 50 % se reproducían como híbridos, siendo el 25 % altos reales; 50 % altos, pero con características de los enanos escondidas o recesivas, y el 25 %, enanos.

Mendel explicó sus resultados asumiendo que una característica puede ser dominante o recesiva. Cuando ambas características estaban presentes en la misma planta el tipo dominante prevalecía..

Dejemos que las tablas se expliquen por sí mismas.

Estos porcentajes exactos no se cumplen en los animales y mucho menos en los seres humanos, donde la descendencia es casi siempre intermedia. Sin embargo, si uno de los progenitores es favorecido en aspecto, las características del otro serán recesivas.

Ojalá pudiera afirmar que las auras siguen esta ley de la herencia mendeliana. Podría afirmar este hecho sólo después de haber encontrado un gran número de casos positivos entre un gran número

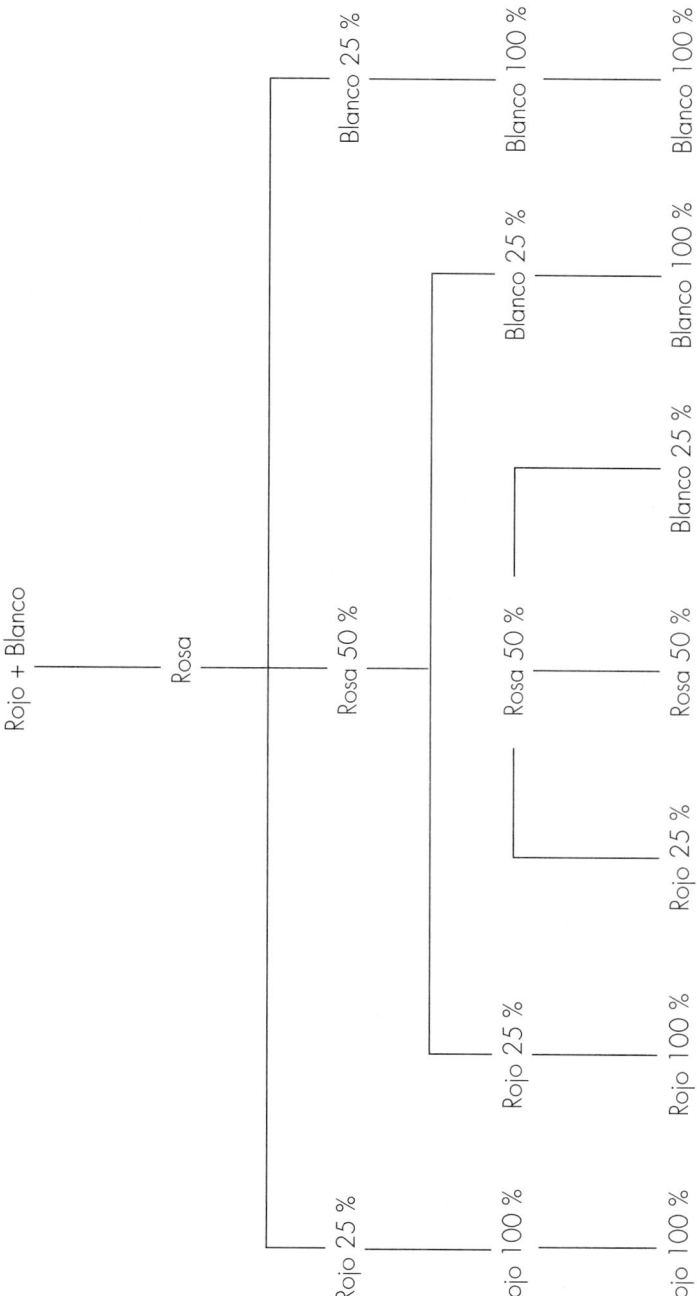

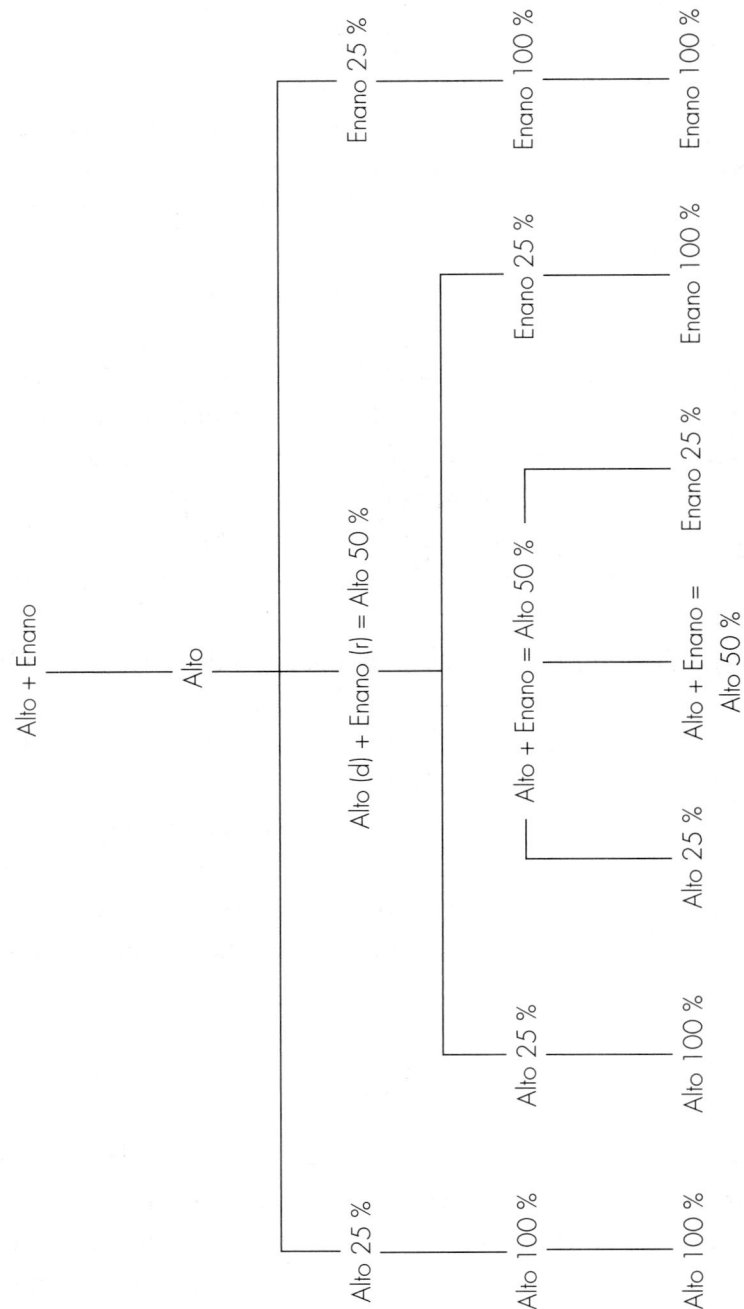

de miembros de la misma familia, y obtenido resultados similares de un gran número de tales familias. No veo ninguna razón por la que esta ley no debería seguirse. Aquí encontramos una oportunidad real de investigación con posibilidades reales. Recomiendo esta consideración a cualquier persona que tenga una oportunidad de hacer un estudio de un gran número de tales auras. Solamente puedo dejar constancia de que cuando ambos progenitores son del tipo intelectual que posee auras azules, la descendencia no tendrá auras ultragrises.

Una gran parte de mi primera investigación fue llevada a cabo con una pantalla menos efectiva que la que acostumbro a usar ahora, con el resultado de que no siempre podía ver el aura en detalle y a menudo ni siquiera podía distinguir claramente las partes constituyentes. Sin embargo, sobre un fondo adecuado el tinte, azul o gris, era suficientemente reconocible como para haberlo registrado en muchos ocasiones.

En ningún caso he encontrado una neblina gris rodeando a un sujeto cuyos padres tuvieran auras marcadamente azules.

Cuando un progenitor ha sido azul y el otro gris, a un nivel elevado, he detectado que las auras de los hijos han sido o bien azules o gris azulado, muy raramente gris apagado. Esto muestra que la ley de Mendel no se cumple en lo que se refiere al color, resultando el término medio entre el azul extremo y el gris extremo en una tendencia a mejorar, que es lo que esperaríamos. La evolución debe continuar.

Con la textura la herencia mendeliana sí parece seguir la norma, aunque hay excepciones. Una textura fina apareándose con una más gruesa parece producir alguna fina, tal vez tan fina como la del progenitor fino; alguna gruesa, aunque no tan gruesa como la del progenitor grueso; y el resto, la mayoría, ni una cosa ni la otra.

En los muy pocos casos en los que he tenido una oportunidad de inspeccionar auras de tres generaciones he encontrado que Mendel ha tenido un buen apoyo.

(1)

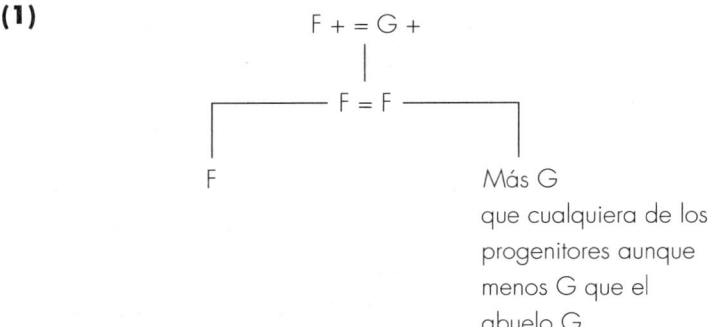

Otro caso en la misma familia:

(2)

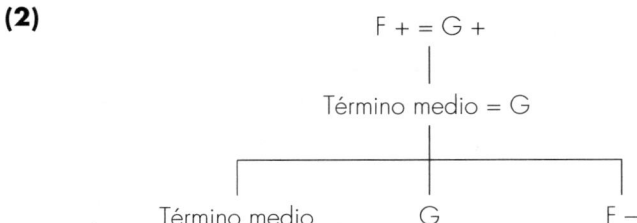

Mucho más fina que cualquiera de los progenitores, aunque no tanto como la del abuelo F, este tercer nieto.

(3)

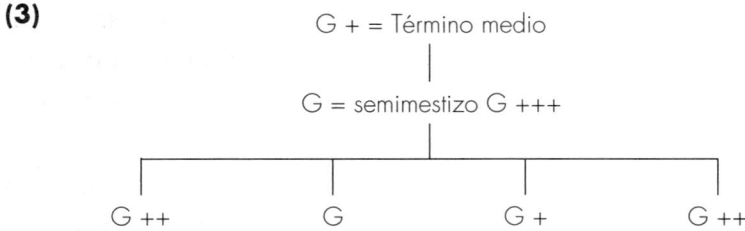

El segundo hijo, con textura menos elemental, por así decirlo, era el de piel más oscura de la familia. Casualmente el abuelo G+ no era tan obviamente europeo. De hecho, es un caso en el que necesitamos considerar la generación con anterioridad si le vamos a dar alguna importancia. Sin embargo, tiene su punto de interés.

(4)

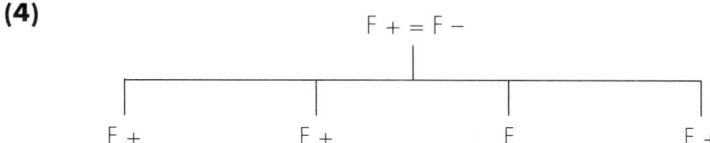

Un buen ejemplo de mejora general, todos mejores que su madre y sólo uno menos fino en textura que el padre y, aun así, definitivamente fina. La evolución continúa. ¡Aunque no siempre tan descaradamente!

Los colores cuentan la misma historia en este caso (4):

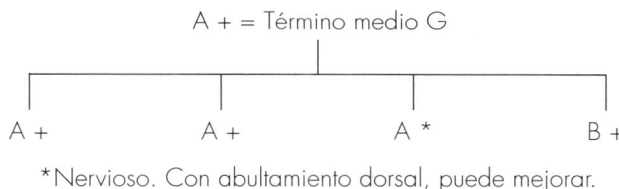

*Nervioso. Con abultamiento dorsal, puede mejorar.

El aura del segundo hijo, A + F +, es excepcionalmente fina, ancha y brillante.

Del tercero se puede decir que tiene un temperamento artístico, pero se le suele considerar listo. Volviendo al deprimente caso (3), la cuestión del color apenas merece consideración. Todos sin excepción tenían auras grises pálidas con una sugestión de marrón característica de las razas de color. El aura de una persona de color es siempre gruesa y de un gris amarronado muy pálido.

En los casos (1) y (2) los abuelos son los mismos y la generación intermedia son hermanas; ambas tenían auras de un azul medio. Los nietos eran todavía muy jóvenes, aunque la pareja (1) son más azules que cualquiera de los tres del caso (3).

En todos los casos en general, creo que la ley de Mendel se aplica más definitivamente a la textura que a lo referente a azules y grises. Recordemos que Mendel detectó que la siguiente generación era intermedia, a medio camino entre los dos progenitores. De este modo, en referencia a la textura, el hijo debería ser menos extremado que cualquiera de los padres. Los azules y los grises también parecen seguir esta norma.

En la tercera generación, mientras los colores todavía tienden a permanecer mezclados, la textura decididamente se echa hacia atrás, concretamente en el hijo más joven del caso (1) y el tercer hijo del caso (2). Para formar una opinión de valor real sobre esta cuestión sería necesario tener un registro de otros abuelos, los padres de la pareja de la segunda generación. Posiblemente este individuo sea un atavismo; con esto quiero decir que las características dominantes no representan un media justa de la textura combinada de los padres. Debemos recordar que las características recesivas pesan tanto en la herencia como las dominantes.

Volvamos al caso (1):

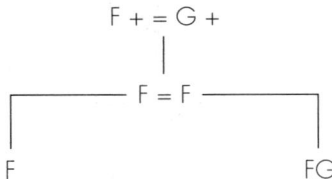

Supongamos que otros miembros de la pareja de la segunda generación hubieran estado en la zona gruesa, por ejemplo:

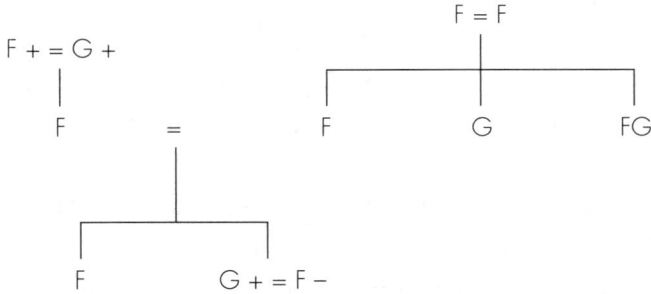

Entonces FG, en vez de ser considerado inferior a la media familiar, se sitúa bastante por encima de ella, y el hijo más mayor de la tercera generación es claramente afortunado. Aun así, el hijo más mayor tiene más probabilidades de tener descendencia de textura más fina que el más joven, ya que si el aura de este último muestra una textura más gruesa como característica dominante, la habilidad de transmitir un aura de textura más fina como la de los padres estará presente como una característica recesiva.

De modo similar en el caso (2):

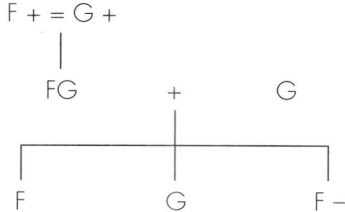

¿Cómo eran las auras de la segunda generación G? Veamos qué podemos deducir.

O bien deberían haber sido gruesas, o haber tenido una media de G, por ejemplo F = G + o, si tenían una media de F, al menos una de ellas era un atavismo, por ejemplo:

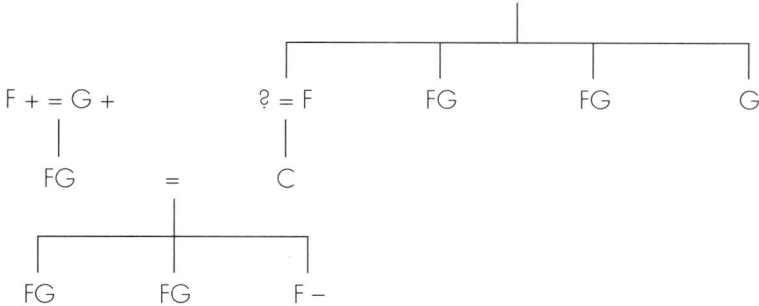

Como he dicho, se necesitan mucha más pruebas de muchos más casos antes de hacer una afirmación definitiva sobre el tema de la herencia de texturas en las auras, pero ciertamente parece que hay una tendencia mendeliana. Una familia que ha tenido auras de texturas finas durante varias generaciones seguirá produciendo auras de textura fina. Si no hay G recesiva escondida, las auras finas continuarán. La textura es, por lo tanto, heredada.

El color es heredado presuntamente hasta el mismo punto en que lo es el intelecto.

Los extremos se pueden atraer pero debe ser inusual para un azul + aparearse con un gris extremo. Del mismo modo, mi ejemplo en los casos (1) y (2), donde los abuelos eran F extremo y extremo G, no se ve todos los días. La textura parece ser heredada y no adquirida. No he conocido ningún caso en que la textura haya sufrido muchos cambios en un individuo en concreto. La anchura y la intensidad variarán de vez en cuando por razones que ya se han tratado, pero no la textura ni el color. La forma, por supuesto, variará a la vez que la salud mental, y en las mujeres con los cambios sexuales. No hay herencia de forma excepto que el abultamiento dorsal siempre estará presente en las personas neuróticas, así que supongo que las tendencias neuróticas son heredadas.

Tratemos ahora dos casos de gemelos. No tuve oportunidad de averiguar nada sobre los abuelos en ninguno de los casos, ni siquiera de los padres en uno de ellos.

Aquí está el primero. Llamémoslo caso (5). Niñas gemelas. Gemelas auténticas.

Ambos progenitores tenían auras finas y bastante azules en color.

Ambas niñas tenían auras idénticas en textura y, por lo que pude juzgar por su corta edad, tenían poco más de un año, momento en que las auras tienden a ser de un tono ligeramente verde, el color era similar.

La neblina externa en cada caso era de la misma anchura, forma, color y textura; pero el aura interna en un caso era más intensa que en el otro. La niña con el aura interna más intensa era sin duda la gemela más fuerte. Como la salud en un bebé tan pequeño es en gran parte una cuestión de digestión, creo que este caso es definitivamente útil.

El otro caso, número (6), era un tanto diferente. Los gemelos eran un niño y una niña. No conocía a la madre en absoluto, pero el padre era un espécimen de hombre muy fino y particularmente sano que pesaba unos cien kilos de puro músculo. Su aura era brillante, de textura bastante fina, un tanto gris, pero decididamente un aura buena y saludable.

La niña gemela, su edad era de ocho años cuando los examiné, tenía un aura de textura más fina que la de su padre, y más azul. No era físicamente fuerte y su aura interna no era particularmente intensa. La neblina externa no era muy ancha, raramente lo es en los niños, y sólo había una sugestión de abultamiento dorsal. Ni su peor enemigo podría llamar a su padre neurótico o histérico. La niña se inclinaba más por ese camino.

El niño era más fuerte físicamente; su aura interna era más intensa, mientras que la neblina externa era tal vez de una textura ligeramente más gruesa y definitivamente gris. No había similitud en absoluto entre las auras de estos gemelos.

Si fuera posible descubrir un medio para hacer el aura más claramente visible, sin duda encontraríamos que las auras difieren mucho entre diferentes clases de vertebrados y bastante entre diferentes especies, mientras que incluso las auras de los individuos serían asimilares en algunas características menores.

Capítulo 13

Posibilidades

¿Conseguiremos hacer algún progreso siguiendo estas líneas de investigación?

Es difícil responder a esta preguntar. Continuamente se están haciendo descubrimientos en otras ramas de la ciencia, algunos de los cuales deben tener relevancia en este trabajo. Por mencionar sólo uno que revolucionaría completamente varios puntos de vista reconocidos hoy en día, diré que los oftalmólogos no están de acuerdo acerca de las funciones de los conos de la retina. Algunos creen que simplemente transmiten el estímulo de la retina al nervio óptico que va directamente al cerebro. Parecen hacerse más cortos y más gordos cuando la luz actúa sobre ellos, apartándose de la capa de pigmento que yace bajo ellos; pero se alargan otra vez para tocar esta capa cuando hay oscuridad.

Si las células de la capa de pigmento cambian de lugar, podrían causar la estimulación de los conos sobre los que se podría actuar de algún modo químicamente mediante la rodopsina desde los extremos externos de los bastoncillos (los extremos más cercanos a la capa esclerótica), ya que ésta se blanquea bajo una luz fuerte, perdiendo así su color púrpura. Esto sugiere que podemos haber atribuido a los conos alguna función prohibitiva, ya que se separan de la capa de pigmento como si intentaran detener su estimulación sobre ellos.

Ésta es sólo una de las teorías sugeridas que podrían resultar desconcertantes. La ciencia tan sólo acaba de despertar. No hace muchas décadas creíamos en la vida espontánea, montones de hojas muertas que se convierten en ranas o nubes de polvo en moscas. ¡Incluso calabazas en carrozas! A este tipo de puntos de vista se les concedió una seria consideración hasta que Darwin dejó caer su bombazo en forma de *El origen de las especies*.

¿Hay alguna probabilidad de que lleguemos a ver más del aura de lo que hemos visto actualmente?

No hasta que se haya descubierto un modo más satisfactorio de convertir el aura ultravioleta en algo visible. Éste es el siguiente paso y hacia aquí debería dirigirse la investigación, pero no soy químico, así que no puedo ofrecer ninguna sugerencia útil.

¿Qué más espero averiguar con respecto al aura?

No sé qué debería encontrar y, realmente, no parece que se pueda deducir nada de utilidad a partir de puras conjeturas; sin embargo, el sentido común sugiere varias líneas de investigación. Como ambas partes del aura tienen su origen en el interior del cuerpo y pasan a través de la piel, el aura interna debe traslapar la neblina más amplia en las inmediaciones del cuerpo. No creo que las partículas que corren hacia un imán atraviesen la piel desde el endodermo, pero esa parte del aura que se ve afectada por desórdenes del canal alimenticio y sus glándulas parece extenderse a tanta distancia de la piel como lo hacen estas partículas; por lo tanto, he tratado esta distancia como el límite distal del aura interna. Aquí, al menos, es su límite visible.

En mi opinión, la neblina externa se entremezcla con este límite aunque sobresale mucho más allá del cuerpo. El origen de esta neblina parece estar conectado con las capas embrionarias, el mesoblasto y el epiblasto; es decir, el mesodermo y el ectodermo. Espero detectar que las emisiones están separadas y que se encuentran una al lado de la otra. La parte de la neblina afectada por el sistema nervioso, es decir, la parte del ectodermo, se extiende relativamente más lejos que el esquivo margen distal de la neblina externa. Posiblemente, los rayos son de longitud de onda más corta y de este modo no se hacen visibles en mis pantallas actuales, aunque se pueden apreciar cambios en ellos mientras se proyectan entre la neblina externa, que entonces se convertiría en la neblina intermedia, ya que esta parte externa invisible se extendería más allá de ella. Todo apunta a que el aura se extiende relativamente más lejos que el margen distal tal y como yo lo he visto, siendo esta distancia de tan sólo 0,30 m en los mejores sujetos.

Si se demostrara que éste es el caso, la transmisión del pensamiento se sitúa de inmediato dentro de los límites de la probabilidad.

Kilner, desde los días anteriores a la guerra, habla de un aura externa extra. En las pocas ocasiones en las que la vio la trató como una extensión de la neblina externa. No parecía presentar ningún síntoma en particular, pero era débil. En una ocasión demostró que la podía hacer más intensa con una máquina de Wimshurst, pero pronto se desvanecía y se volvía irreconocible.

Creo que esta aura externa extra debe estar siempre presente, pero que sus rayos pueden tener una longitud de onda situada justo fuera del sector del espectro que se hace visible por la tintura. Digo «justo» porque para Kilner, que indudablemente tenía una vista de algún modo agraciada, estos rayos ocasionalmente se vuelven visibles. Seguramente fue el ojo de Kilner y no el aura del sujeto lo que los hizo o no visibles ante él.

No puedo ofrecer ninguna explicación para la extensión o el brillo de esta neblina distante cuando se usaba una Wimshurst. Si tuviera que hacer una conjetura, parecería que las partículas materiales habían sido disparadas a una distancia suficiente como para extenderse más allá de la neblina externa, pero que en esa ocasión lo que vimos no fue el aura externa extra en absoluto.

Todo esto, sin embargo, tiene que ser confirmado mediante un experimento. Esos largos rayos reflectores también necesitan ser examinados con más detalle. Posiblemente, uno influya en el otro.

Sólo he visto en dos ocasiones lo que creo que es esta tercera parte constituyente de la emisión áurea completa del cuerpo. Obviamente, sería ridículo sacar conclusiones definitivas a partir de una experiencia tan pequeña. Necesito encontrar un método que me capacite para ver esta neblina mucho más claramente antes de poder hacer cualquier examen útil de ella; sin embargo, creo que está presente. Estoy seguro de que lo que vi no era nada subjetivo, ningún tipo de ilusión o fantasma.

No tengo ninguna razón de peso para sugerir que su origen sea el ectodermo, excepto que había esperado encontrar una tercera neblina más distante y que el sistema nervioso parece la fuente más probable de mis investigaciones previas. El cambio de forma de la neblina externa, debido a extensiones locales, ha sido de origen neuronal. Recordemos que el abultamiento dorsal es más obvio y fue tratado ampliamente por Kilner antes de la guerra. Mi pantalla me ha demostrado más de lo que podía esperar recoger con la pantalla de dicyanin de Kilner. Esto se debe simplemente al hecho de que Kilner debió de haber hecho su trabajo antes de la guerra, ya que su tintura, para ser obtenida en su máxima calidad, procede de Alemania. Sin duda, su ojo estaba dotado, pero la ciencia ha avanzado considerablemente desde entonces. Considero que mi pantalla representa un aura más clara, además de extender sus capacidades ligeramente más lejos en la zona ultravioleta. Seamos frívolos por un momento y llevemos nuestra imaginación a un paseo guiado por esta zona sumamente interesante. Mantendremos la luz del sol, longitud de onda de 400 µµ, donde termina el arcoíris, a 310 µµ, donde está la frontera más allá de la cual yace el peligroso reino abiótico. Debemos buscar nuestra aura entre estos límites; no estoy sugiriendo que nosotros los humanos emitamos rayos de la muerte para la destrucción de las criaturas más pequeñas, está claro que no es así. A medida que dejamos la zona del arcoíris tras nosotros notamos que oscurece, ya que aquí sólo podemos ver con nuestros bastoncillos. Como los bastoncillos no interpretan los rojos en absoluto y aun así ve otros colores como azul-gris, parece razonable suponer que seremos capaces de usarlos mientras viajamos a través del rojo ultravioleta. A partir de aquí los bastoncillos pueden no ayudarnos, así que este color siguiente al violeta en el lado más corto podemos calificarlo como una banda azul-gris, que es un color lavanda que necesita hacerse más fuerte. Por lo tanto, me he referido a este color rojo como lavanda porque nos parece de ese color cuando podemos verlo. A partir de aquí debemos usar nuestras pantallas si vamos a ver algo. Creo que deberíamos haber encontrado la mayor parte de nuestra aura antes de esto, aunque no debería sugerir esto en ningún otro lugar. Por eso debemos ser frívolos, nos permite avanzar un poco más lejos y buscar el tercer aura elusiva.

Sólo he estado aquí dos veces con anterioridad, así que me temo que soy un guía de poca ayuda. Sé que nunca he llegado mucho más lejos, si es que el aura externa extra de Kilner se identifica de algún modo con lo que buscamos, cosa que no puedo asegurar de ningún modo. Sin embargo, no podemos ir mucho más lejos, ya que pronto termina nuestra zona y entonces deberíamos estar fuera de los límites del Sol y sobre el territorio abiótico, que creo que sería una pérdida de tiempo.

Naveguemos. La longitud de onda de los rojos es de 800 µµ; la del violeta es una octava parte de esto, 400 µµ. El rojo visible termina alrededor de 650, así que debemos estar saliendo de la región roja ultravioleta, y 310 o 300 como mucho, el final de nuestro trayecto.

Nuestras pantallas no son de mucha utilidad de momento, y estamos empezando a ir a tientas. Volvamos a casa de nuevo. ¿Qué he descubierto? Muy poco. Estos rayos deben de ser alrededor de la mitad de la longitud de los rojos visibles cuando empiezan a fundirse en naranja visible, es decir, la mitad de 650 µµ. Su frecuencia será bastante terrorífica. La velocidad de la luz es de unos 300.000 km por segundo. La velocidad del sonido en el aire es de unos 340 m por segundo, aunque variará de vez en cuando. Sin embargo, 340 m son 340.000 mm; la velocidad es igual a la frecuencia multiplicada por la longitud de onda.

Por lo tanto, la frecuencia es igual a la velocidad dividida entre la longitud de onda, es decir, 340.000.000.000 millonésimas de milímetro dividido entre 310. ¡No cabe duda de que no es una vibración visible!

Con esta nota de catarsis cerramos estas páginas. Queda mucho por hacer. Ésta es una rama de la ciencia que ofrece grandes posibilidades, no cabe duda. Si mi modesto intento de recoger algunos hechos y agruparlos proporcionara un atajo para otros que se puedan preocupar por viajar un poco más lejos a lo largo de lo que actualmente es un camino por explorar, entonces este pequeño libro tal vez verá justificada su inclusión en sus estanterías.

Índice analítico

A
aberración 64
abultamiento dorsal 100, 103, 104, 106, 131, 134, 135, 140
amoníaco 33
anchura del aura 22
anfioxo 53
animales 26, 27, 29, 51, 52, 68, 81, 97, 98, 104, 109, 111, 112, 113, 114, 116, 118, 119, 120, 121, 122, 126, 144
   abejas 117, 118
   búho 26, 81, 109, 111, 112, 116, 122
   caballo 21, 56
   cebra 114
   cíclope 119
   conejo 113, 114, 124
   dafnia 119
   damanes 51
   escarabajos 112
   gato 51, 81, 98, 104, 112
   hormigas 109
   larvas de avispa 109
   lémur 51
   lombriz de tierra 29, 30, 51, 92
   luciérnaga 82
   mariposas 117
   mono 51
   perro 21, 112
   rana 51, 81
   ratón 26, 82, 111, 116, 122
   sapo 51
   tritón 51
   zorro 112, 113
apéndice vermiforme 54
aura 3, 5, 6, 7, 8, 9, 10, 11, 13, 14, 16, 17, 18, 19, 20, 21, 22, 23, 25, 26, 27, 28, 29, 30, 31, 32, 33, 35, 36, 38, 39, 43, 45, 46, 47, 48, 49, 50, 51, 52, 53, 54, 55, 56, 57, 59, 67, 68, 72, 73, 74, 79, 80, 81, 82, 83, 85, 86, 89, 91, 92, 93, 97, 98, 99, 101, 102, 103, 104, 105, 106, 107, 109, 111, 112, 114, 115, 116, 117, 118, 119, 120, 121, 122, 123, 125, 129, 131, 133, 134, 135, 138, 139, 140, 141, 144
   anchura 22, 50, 57, 89, 103, 104, 107, 121, 134

color 8, 9, 10, 13, 14, 16, 21, 27, 28, 29, 33, 37, 39, 40, 41, 42, 45, 46, 50, 61, 63, 74, 76, 77, 78, 79, 81, 82, 83, 84, 85, 86, 87, 91, 97, 98, 103, 104, 105, 106, 107, 109, 111, 113, 114, 115, 116, 117, 118, 120, 121, 125, 126, 129, 131, 134, 137, 141
textura 56, 91, 97, 123, 124, 125, 129, 130, 131, 132, 133, 134, 135
autores 89, 105
Burge 108
Coué 105
Curie 70
Darwin 29, 138
Dewar 42
Goltz 93
Guyer 124
Hermann 52, 53
Hertz 57
Kilner 7, 19, 20, 28, 66, 67, 79, 80, 93, 107, 115, 139, 140, 141
Meldola 82
Mendel 124, 125, 126, 129, 131
Rayleigh 107
Röntgen 69
Rutherford 70
Schanz 109
Schultz 81
Starling 36, 53
Thompson 57
Woodruff 108
Young 82

B

bebé 21, 22, 26, 92, 95, 134
brezo 118
bromo 33

C

capas embrionarias 54, 138
condiciones climáticas 17
conos 28, 35, 39, 63, 74, 79, 80, 81, 82, 107, 111, 113, 116, 117, 137, 138
córnea 28, 61, 63, 64, 65, 117, 120
cuarzo 36, 40, 42, 44, 68

D

dafnia 119
dicyanin 14, 18, 29, 36, 37, 38, 39, 40, 42, 43, 44, 45, 67, 84, 86, 140
Doble Etéreo 19

E

embarazo 22, 29, 85, 91, 92, 93, 95, 99
evolución 29, 30, 43, 51, 108, 129, 131

F

filtros de Wratten 40
flores 45, 109, 117, 118, 126
fluorescencia 40, 41, 42, 102, 109, 120, 121, 122
fondo 9, 10, 21, 26, 73, 74, 77, 78, 85, 116, 129
fosforescencia 40, 41, 42, 71

G
gálago 51
gastrulación 53
gemelos 134, 135
glándula perineal 112
glándulas mamarias 91, 92, 95

H
hierro 33, 49
hipermetropía 62, 66
huevo, desarrollo del 53
Humor acuoso 62, 63
humor vítreo 28, 36, 64, 65

I
imanes 31, 47, 48, 49, 54, 70, 71

L
longitud de onda 21, 22, 23, 27, 28, 35, 36, 39, 41, 48, 63, 67, 68, 70, 74, 79, 81, 86, 98, 102, 108, 109, 118, 119, 120, 121, 122, 139, 140, 141, 142

M
máquina de Wimshurst 32, 48, 50, 101, 139
masaje 57
menstruación 22, 29, 91, 92, 93, 95
milagros 58
miopía 62
modificación 29, 120, 123
músculos 52, 53, 54, 56, 61, 62, 65, 80, 81, 120
mutación 123, 124

N
negro 10, 21, 37, 40, 43, 56, 69, 70, 87, 116, 117
nervio óptico 62, 63, 137

O
ojo 9, 21, 22, 23, 27, 35, 36, 37, 38, 40, 43, 45, 46, 61, 62, 63, 64, 65, 67, 74, 76, 77, 80, 81, 83, 84, 85, 86, 87, 98, 102, 113, 114, 115, 116, 117, 120, 122, 124, 139, 140, 144
  acomodación 62, 65, 66
  bastoncillos 28, 39, 46, 63, 74, 79, 80, 81, 82, 86, 102, 111, 113, 116, 117, 122, 137, 141
  cíclope 119
  conos 28, 35, 39, 63, 74, 79, 80, 81, 82, 107, 111, 113, 116, 117, 137, 138
  córnea 28, 61, 63, 64, 65, 117, 120
  fóvea central 39, 46, 63, 76, 80, 81, 82, 113, 116
  índice de refracción 28, 36, 63, 64, 69
  mácula lútea 63
  punto ciego 62, 63

P
pantallas 8, 23, 28, 36, 38, 42, 43, 44, 66, 121, 139, 141
  azul 8, 14, 18, 20, 21, 27, 28, 29, 39, 40, 42, 45, 53, 54, 63, 64, 74, 75, 76, 77, 78, 79, 83, 84, 85, 86, 87, 97,

103, 104, 105, 107, 116, 118, 120, 121, 129, 131, 134, 135, 141
roja 13, 18, 27, 39, 42, 53, 54, 75, 115, 141
sensibilizador 44, 67, 86
pigmentos 78
pinacyanol 39, 45
plancton 67
pubertad 14, 29, 91
Punto ciego 62, 63
púrpura visual 81, 102

R
radiactividad 33
rayos actínicos 36
rayos gamma 70
rayos Röntgen (véase rayos X) 7, 69, 70

riñón 56
rodopsina 81, 137

S
simbiosis 117

T
temperatura 17, 31, 42
textura 56, 91, 97, 123, 124, 125, 129, 130, 131, 132, 133, 134, 135

V
variación 108, 123
vidrio 29, 36, 39, 40, 42, 43, 44, 45, 68, 76, 119

Y
yodo 32, 33

Índice

Introducción 7

Capítulo 1
La apariencia del aura común 13

Capítulo 2
Propiedades físicas 25

Capítulo 3
Equipo y cómo usarlo 35

Capítulo 4
¿Es el aura interna nuestro campo eléctrico? 47

Capítulo 5
Un breve resumen de:
1. La estructura del ojo
2. El espectro 61

Capítulo 6
Imágenes fantasma y sensaciones visuales 73

Capítulo 7
Colores complementarios 83

Capítulo 8
　　La neblina externa y el sexo 89

Capítulo 9
　　La neblina externa y el sistema nervioso 97

Capítulo 10
　　El efecto de las enfermedades en la neblina externa 103

Capítulo 11
　　El aura a través de los ojos de los animales 111

Capítulo 12
　　El factor hereditario 123

Capítulo 13
　　Posibilidades 137

Índice analítico 143